단정하게 때로는 다정하게

일러두기

• 본문에 등장하는 인물의 소속, 회사명, 프로그램명, 방송 시간 등은
  이 책의 초판이 발행된 시점을 기준으로 합니다.

히데시마 후미카 지음 | 오민혜 옮김

단정하게 — 때로는 — 다정하게

마음의 거리를 좁히는
33가지 소통의 기술

RHK
알에이치코리아

들어가며

왠지 듣고 싶어지는
사람의 말투는 따로 있다

저는 TV나 라디오에서 '말하는' 일을 직업으로 삼고 있습니다. 그런데 종종 제 말을 멈추고라도 상대의 이야기를 계속 듣고 싶어지는 사람을 자주 만나곤 합니다.

제 프로그램에 초대한 게스트를 비롯해 팀을 꾸려 함께 일하는 스태프, 동네 꽃집 주인, 아이가 다니는 초등학교 선생님, 학부모회에서 옆자리에 앉은 어머니, 버스를 기다리며 담소를 나눈 할머니, 병원에서 긴장했을 때 "괜찮아요"라고 따뜻하게 말을 건네 준 간호사.

물론 오늘 라디오에서 들려오는 '사연 속 사람들'도 그 대상이죠. 우리 모두 자신만의 언어와 화법을 가지고 있습니다.

팬데믹이 길어지면서, 이제껏 당연했던 '사람과 만나 이야기하는 일'이 갑작스레 어려워졌을 무렵, 라디오에서 들리는 소소한 이야기에, 사람의 목소리가 주는 안도감에 따뜻한 위로를 받는 일이 늘었습니다.

아침에 눈을 떴을 때부터 집안일을 할 때, 출퇴근하는 대중교통 안에서, 귀갓길에 그리고 마음이 복잡할 때도요.

문득 귀에 날아든 한마디에 '나도 힘내자!' 하며 의욕이 샘솟기도 했고, 뭉클하고 따뜻한 격려를 받기도 했죠. 사람의 목소리는 마음에 직접 와닿는 거라는 사실을 예전보다 훨씬 더 실감했습니다.

한편 여러 활동이 제한되면서 '온라인 ○○'라는 새로운 소통 수단도 생겼습니다. 편리하다는 면에서는 좋은데, 솔직히 좀 어색할 때도 있어요. 그런 와중에 라디오를 듣는 사람이 늘었다는 뉴스를 보고, '역시 그렇구나!' 하고 기쁜 마음으로 공감했습니다. 새로운 것을 시도하지만 돌고 돌아, 결국

단정하게 때로는 다정하게

'사람의 목소리로 전하고 받아들인다'라는 원점으로 되돌아온 건 아닐까요?

라디오를 듣기 시작했던 사춘기 시절로 돌아가 생각해 봤습니다. '그저 '목소리'일 뿐인데 왜 마음이 놓일까? 이야기를 계속 들어 보고 싶은 사람은 어떤 화법을 쓸까? 그걸 알면 평소에 나누는 대화도 훨씬 편해지지 않을까?'

저는 라디오를 사랑하는 청취자로서 그리고 그 현장에 몸담은 DJ로서, 편안하고 다정한 화법을 구사하기 위해 다들 혀를 내두를 정도로 예민하게 분석해 왔습니다. 이를테면 '이 사람은 '음…' 하고 뜸 들이는 타이밍이 너무 절묘한걸!' 하는 식이었죠.

그러자 편안한 화법이 어떤 '소재'와 '준비', '구상'으로 이루어져 있는지 하나하나 보이기 시작하더군요. '그거였구나!' 하고 깨달은 바를 생방송 현장에서 빠짐없이 시도해 보고 꽤 많은 시행착오를 거친 다음, 이 한 권의 책으로 엮었습니다.

혹시 프로들이 일하는 현장에서 나온 방법이라고 하니까 어렵게 느껴지시나요? 아니에요, 그 반대입니다. 생방송 현장은 초 단위로 진행되어서 오히려 까다로운 방법은 쓰지 못해요. 복잡하고 어려우면 일각을 다투는 긴장감 넘치는 상황에서는 애초에 실행 자체가 힘들죠.

- "상대방에게 제 의도가 잘 전달되지 않아요."
- "긴장한 탓에 입을 떼기 어려워요."
- "말뿐 아니라 저란 사람까지 진부하게 느껴지지 않을까요?"
- "제 마음을 전하고 사람들과 더 가까워지고 싶어요."

일하다 보면 이런 고민이나 불안을 털어놓는 분들이 있습니다.

그 마음을 누구보다 잘 압니다. 저야말로 내성적인 데다 걱정도 많지만, 그저 꿈 하나로 방송 일에 뛰어들어 지금도 조심히 말하는 일을 하고 있으니까요. 그래서 여러분이 조금이라도 편해지길 바라는 마음을 담아 이 책을 썼습니다.

걱정하지 마세요. "담력 훈련! 사람들 앞에서 프리 토크 30분!" 같은 힘든 방법은 권하지 않을 테니까요.

힘들이지 않아도 오늘 당장 실천할 수 있는 쉽고 간단한 방법을 비롯해, 프로가 몰래 쓰고 있는 비법까지 모두 담았습니다. 날마다 조금씩 시도하고 적용하다 보면, 언젠가 확실하게 여러분의 것이 되리라 믿습니다.

그럼, 우리 함께 긴장 풀고 '이야기를 계속 듣고 싶은 사람'이 되기 위해 첫발을 내디뎌 볼까요?

차례

1장

이목을 집중시키는
단정한 말투

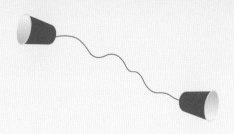

2장

매력이 발산되는
호감 가는 말투

3장

마음을 터놓게 만드는
다정한 말투

4장

자존감을 높이는
우아한 말투

이목을 집중시키는
단정한 말투

첫 문장은
'무조건 짧게!'

대화의 첫인상을 결정하는 요소

· · ·

저는 대화에도 첫인상이 있다고 생각합니다. 그래서 일상에서뿐만 아니라 일터에서도 상대의 호기심을 자극할 만한 이야기로 대화를 시작하려고 노력합니다. 당연한 말이지만, 상대방이 제 얘기를 들으려고 하지 않는다면, 대화는 금세 끝날 테니까요. 따라서 대화를 쭉 이어가려면 상대가 내 이야기에 귀를 기울이도록 만들어야 합니다. 그렇다고 거창한 이야기로 상대에게 괜한 부담을 줘서는 안 되겠죠.

그럼 듣는 사람이 편안하게 내 이야기에 집중할 수 있게 하려면 어떻게 말해야 할까요? 방법은 간단합니다. 알아듣기 쉽도록 한 마디 한 마디 짧게 완결 지으며 말하면 됩니다(의식적으로 대화 속 문장에 마침표를 늘려가는 거죠!). 혹시 '고작 그거야?'라고 생각하셨나요? 하지만 이렇게 간단한 방법만으로 우리는 일상에서도 일터에서도 대화 중에 상대방에게 좋은 인상을 남길 수 있습니다.

우리가 사람들과 대화할 때, 대전제로 삼아야 할 지론이 있습니다. 바로 '사람은 쉽게 지루해한다'는 것이죠. 사람들은 어떤 상황에서든 맨 처음 듣는 말이 너무 길면, 어려운 이야기일 거라 지레짐작해서 대화를 빨리 끝내고 싶어 합니다. 이러한 경향은 SNS 등에서 짧은 이야기가 주로 소비되면서, 더욱 심화되었습니다.

그런데 막상 내가 이야기를 할 때는 질질 끌게 됩니다. '마침표' 대신 '쉼표'를 찍으면서 대화를 이어가는 게 훨씬 편하니까요. 여러분도 무심코 "○○해서,", "○○하니까,"라고 줄줄

이어가는 말투를 쓰고 있진 않으세요? 글을 쓸 때도 자주 지적받는 점이잖아요. 저 역시 어린 시절 작문 시간에 "아침에 일어나서, 학교에 갔는데, 급식이 맛있어서, 더 먹으려고 했더니, 가위바위보를 하라고 해서…"라고 계속 쉼표를 찍던 버릇을 선생님이 고쳐준 기억이 있습니다.

라디오 DJ를 갓 시작했을 무렵에도, 저는 제 진행방식에 자신이 없어서 이야기에 자꾸 살을 붙였어요. 그러다 보니 내용이 장황해져 "그래서 너는 대체 무슨 말을 하고 싶은 건데?"하고 선배들에게 자주 혼났습니다.

그때 했던 방송을 지금 다시 들으면 '쉼표 대신 마침표를 찍었다면 더 좋았을 텐데!' 하고 탄식하게 되는 부분이 여럿 있습니다. 반면 객관적으로 '무슨 말인지 금방 알아들었어. 듣기 편한걸!' 하고 생각이 드는 대목은, 역시 마침표를 적절하게 넣어 가며 말했을 때였습니다.

A: 저는 지난 주말 지가사키茅ヶ崎에 있는 본가에 다녀왔는데, 고 즈넉하고 아름다운 곳으로, 오랜만에 쇼난 해변에 들러, 일루

미네이션 축제도 즐기니, 그간 쌓인 스트레스가 모두 날아가는 것 같았습니다.

B: 저는 지난 주말 지가사키에 있는 본가에 다녀왔습니다. 고즈넉하고 아름다운 곳이죠. 오랜만에 쇼난 해변에 들러, 일루미네이션 축제도 즐기고 왔습니다. 그간 쌓인 스트레스가 모두 날아가는 것 같았습니다.

A와 B의 차이를 아시겠나요? A 화법은 화자가 한 번의 호흡으로 모든 정보를 전달합니다. 여기에 화자 특유의 말하는 속도가 더해진다면, 청자는 이야기를 들을 때 더 부담을 느끼겠죠. 반면, B 화법은 어떤가요? 화자가 적절히 끊어가며 이야기하니, 화자도 청자도 대화하는 게 편안합니다.

따라서 이야기를 시작할 때는 간결하게 끊어 가며 말해야 듣는 사람이 버거워하지 않습니다.

여기에 더해 '앞으로 이런 이야기를 할 거예요'라는 뉘앙스로 대화의 문을 열면, 듣는 사람도 대화의 전개를 쉽게 파

단정하게 때로는 다정하게

악할 수 있습니다. 그럼 '이 사람은 이런 이야기를 할 생각이구나' 하고 들을 준비를 할 수 있어서, 이어질 내용을 편하게 받아들일 수 있을 거예요. 그럼 '얘기를 좀 더 들어봐도 힘들진 않겠는데?' 하고 여유를 가질 수도 있습니다.

어려운 내용인데도 금세 이해할 수 있도록 말하는 사람이 바로 이런 사람입니다. 즉, 대화상대에게 '대체 무슨 이야기를 하는 거야? 이 장황한 얘기를 언제까지 할 작정인데?'라는 스트레스를 주지 않는다는 뜻이에요.

혹 주변에 어려운 내용도 알아듣기 쉽게 말하는 사람이 있다면, 그 사람이 대화 중에 마침표를 몇 번 찍는지 한번 세어보세요. '오, 이 사람은 이야기를 짧게 짧게 끊어서 하는구나!' 하고 금방 깨닫게 될 테니까요.

문장마다 한 호흡씩

· · ·

청취자 사연을 읽으며 종종 머리가 복잡해질 때가 있습니다. 사연 속 문장이 너무 길어 주어와 서술어가 어떻게 호응하는지 파악하기 어려울 때 그렇습니다. 특히 생방송 중에 막 들어온 사연을 소개할 때는 눈으로 재빠르게 문맥을 파악한 다음, 사연자가 하려고 했던 얘기를 기억하면서 종이에 적힌 문장들을 재구성해야 합니다. 목소리는 차분하게 유지하지만, 제 이마에는 식은땀이 송골송골 맺히죠.

라디오 생방송 중에 '최근 가장 부끄러웠던 일'을 주제로 사연을 받았다고 가정해 보죠. 다음과 같은 사연을 들으면 청취자들은 어떤 생각을 할까요?

"어제 동네 마트에 갔더니 신상 요구르트 시식 행사를 하고 있는데, '코로나 시국에 면역력을 높여야죠!'라는 점원들의 말을 들으니 그냥 지나칠 수 없어 한번 시식하는데, 한 점원이 속사포처럼 말을 쏟아내며 여러 종류를 자꾸 권해서 도저히 거절을 못 하고 오물오물 요구르트를 먹고 있는데, 동네 아주머니가 지나가셔서 인사는 했지만 당황한 나머지 '이거 진짜 맛있어요!' 하고 얼떨결에 저까지 홍보에 동참하게 돼서 정말 창피했어요…."

좀 극단적인 사례지만, 읽자마자 '이 얘기는 대체 언제 끝나지?' 하고 한숨이 나오지 않나요? (물론 라디오 DJ가 중간중간 숨을 돌리며 읽을 순 있겠지만) 이야기의 시작과 끝이 한 문장으로 이어져 있잖아요. 이렇게 마침표가 없는 문장은 읽기만 해도 지칩니다.

더구나 다른 제스처 없이 목소리로만 이야기를 듣는다면 어떨까요? 한 번에 전달되는 수많은 정보를 머릿속에 정리하며 들어야 합니다. 그래서 정말 흥미로운 이야깃거리가 아니라면 끝까지 경청하기란 매우 어렵겠죠.

라디오 DJ가 앞선 예처럼 말한다면, 청취자들은 '도통 무슨 말인지 하나도 모르겠네!' 하고 라디오 주파수를 바꿀 거예요. 안타깝게도 DJ의 목소리는 그저 소음이 되겠죠.

그럼 앞의 사연을 다르게 읽어 볼까요?

"어제 동네 마트에 갔더니 신상 요구르트 시식 행사를 하고 있었어요. '코로나 시국에 면역력을 높여야죠!'라는 점원들의 말을 들으니 그냥 지나칠 수가 있나요. 그래서 한번 시식하려는데 한 점원이 속사포처럼 말을 쏟아내는 거예요! 여러 종류를 자꾸 권하더라고요. 도저히 거절을 못 하고 요구르트를 오물오물 먹고 있는데, 동네 아주머니가 제 앞을 지나가셨어요. 인사는 했는데 너무 당황한 거 있죠? 얼떨결에 저까지 "아주머니, 이거 진짜 맛있어요!" 하고 홍보에 동참했지 뭐예요. 정말 창피했어요…."

이렇게 적절히 문장을 끊어 읽으니, 듣는 사람이 편하게 이야기를 따라갈 수 있죠. 한 문장이 완결될 때마다 이야기를 이해할 틈이 생기기 때문입니다. 말하는 사람도 그 틈을 이용해 내가 정보를 잘 전달하고 있는지, 상대가 내 이야기를 잘 이해하고 있는지 확인할 수 있습니다. 대화할 때 좋은 인상을 남기고 싶다면 이 점을 꼭 기억하세요!

대화를 짧은 장면으로 쪼개기

• • •

이렇게 문장을 짧게 끊어서 말하는 것은 드라마 영상을

장면마다 끊어서 촬영하는 것과 비슷합니다. "마트에 갔더니 시식 행사를 하고 있었다", "홍보 문구를 들으니 그냥 지나칠 수 없었다", "시식을 하는데 점원이 속사포처럼 말을 쏟아냈다"라고 하나의 에피소드를 작은 문장들로 쪼개어 전달하는 거죠.

말을 할 때, 문장을 간결하게 완결 지어서 하도록 주의해 보세요. 익숙해지기까지 말투가 조금 어색할 수 있지만 괜찮습니다. 평소에 '대화할 때도 마침표를 찍어 보자' 하고 노력하면 점점 몸에 밸 거예요.

그러다 보면 이야기를 장황하게 이어 가기가 오히려 불편해질 겁니다. 그럼 문제 해결이죠! 마침표가 얼마나 중요한 역할을 하는지 이해하게 된다면, 당신이 건네는 대화의 첫인상은 호감형이 될 것입니다. 지금 당장 실천할 수 있을 만큼 쉬운 화법이잖아요. 작은 노력으로 당신의 인상을 훨씬 좋게 만드는 첫걸음. 가벼운 마음으로 시작해 볼까요?

질질 끌며 말하다 보면

이야기가 삼천포로 빠질 수 있어요.

대화 속 '마침표'를 기억하세요.

이야기에
생기 불어넣기

대화 속 고속도로 최면 현상

· · ·

저는 라디오 방송 게스트로 종종 코미디언을 초대합니다. 그때마다 '어쩜 코미디언들은 첫마디로 사람의 마음을 끌어당길까?' 하고 생각했죠. 특히 그들이 사람들의 이목을 집중시키려 할 때 활용하는 화법이 매력적입니다. 바로 상황 재현 화법입니다.

"길거리에서 어떤 아주머니가 '저기요!' 하고 불러 세우기에 '혹시 나를 알아봤나? 나도 이제 인기 연예인이구나' 하고 뒤돌아봤더니, 대뜸 '어머, 그 옷 너무 예쁘다~ 어디서 샀어요?' 하는 거예요."

등장인물의 대사가 너무 생생하게 들려서 마치 그 사람이 코미디언에게 빙의한 듯했죠. 이처럼 대화 중에 적절히 상황을 재현하면, 이야기가 생기를 띱니다. 그럼 상대는 더욱 집중해서 듣겠죠.

저는 이 화법을 라디오 오프닝 토크에서 주로 활용합니다. 말하는 즉시 재현 드라마를 보는 듯한 현장감이 청취자들에게 전달되기 때문이죠. 그럼 모두 귀를 기울이죠. 예를 들면 이런 식으로요.

A: "어제 마트에 갔는데 설 상차림 포스터가 붙어 있기에 '곧 설날이구나' 하고 생각하던 참이었어요. 그때 세 살 정도로 보이는 여자아이가 엄마 손을 잡고 오더니, 포스터를 보면서 이

렇게 말하더군요. "엄마, 이것 좀 봐. 타피오카가 들어 있어!" 엄마가 "어디? 어디?" 하면서 살피더니 깜짝 놀라서 웃더라고요. 저도 궁금해서 아이가 가리키는 곳을 봤는데…. 글쎄, 검은콩을 타피오카로 착각한 거 있죠? 아이가 너무 귀여워서 절로 미소가 지어졌어요."

그런데 이 이야기를 이렇게 한다고 상상해 보세요.

B: "어제 마트에서 설 상차림 포스터를 보고 곧 설날이구나, 하고 생각하던 참이었는데, 세 살 정도로 보이는 여자아이가 그 포스터를 보고 검은콩을 타피오카로 착각한 거 있죠? 정말 귀여웠어요."

어때요? 이렇게 상황 설명만 하니깐 대화의 재미가 확 줄어들죠? 이야기는 단조롭고 딱딱한 '보고서' 내용처럼 들리죠. 모처럼 흐뭇한 장면을 봤는데 B처럼 사람들에게 전달하면 그 일화를 소개한 노력이 너무 아깝습니다.

혹시 '고속도로 최면 현상'이라고 들어 보셨나요? 단조로운 풍경에 신호도 없이 일정한 속도로 장시간 운전하다 보면, 어느 순간 졸음이 오는 현상을 말합니다.

전 이 말을 처음 들었을 때 '대화도 마찬가지네!' 하고 무릎을 쳤습니다. 기복 없는 이야기를 계속 듣다 보면, 어느새 꾸벅꾸벅 졸음이 오기 때문이죠. 생각해 보세요. 카페테리아에서, 회의실에서 여러분도 누군가의 이야기를 들으며 졸았던 경험 있지 않으세요? 아니면 반대로 누군가 당신의 얘기를 듣고 꾸벅꾸벅 졸지는 않던가요?

약간의 재현으로 이야기를 생생하게

• • •

바로 그럴 때 따옴표를 활용하면 지루함을 날려 버릴 수 있습니다.

여러분이 겪은 일 중에서 재밌었거나 감동했던 에피소드 일부를 콕 집어내 재현해 보세요. 듣는 사람 머릿속에 그 풍경이 그려지면서 이야기도 생동감 있게 전달될 거예요.

물론 여러분은 코미디언이나 배우가 아니니 감정을 듬뿍 실어서 에피소드를 재현할 필요는 없습니다. 상대방의 관심을 끌 정도만 "살짝 재현해 볼게요"라는 느낌으로 말소리나 말투에 변화를 주면 됩니다. 그렇게 누군가의 대사를 한 구절만 인용해도, 여러분의 이야기 속 등장인물이 생생하게 살아 움직일 거예요.

대화 속 고속도로 최면 현상에
주의하세요.

상대가 절로 수긍하는
대화의 비법

특정 명사의 힘을 빌리자

· · ·

인간의 세포를 의인화한 애니메이션 〈일하는 세포^{はたらく細}
^胞〉가 인기입니다. 적혈구는 발랄하고 활기 넘치는 여성, 백혈
구는 시원시원하고 듬직한 남성에 비유하는 등 저마다 개성
넘치는 세포 구성원들이 신체를 지키는 모습을 보면 열혈 인
간 군상을 떠올리게 합니다.

여기서 의인화란 사람이 아닌 것을 사람에 빗대는 표현으

로, 비유의 한 방법입니다. 말하고 싶은 정보를 쉽게 전달하는 효과가 있죠. 이외에도 "고양이 같은 사람", "해바라기 같은 사람" 등 비유법에는 많은 표현이 있습니다. 예로부터 말을 잘하는 사람은 비유를 잘한다고 했는데, 그럼 어떻게 해야 비유를 잘할 수 있을까요?

전 비유를 잘하는 사람은 항상 머릿속에서 말과 말을 이어 붙여 다양한 비유 회로를 만들고 있다고 생각합니다. 그런데 이건 누구나 쉽게 평소 습관으로 만들 수 있습니다. 한번 가볍게 실천해 볼까요? 고유명사를 활용하는 훈련입니다.

- "정의감이 강하고 열정이 넘쳐서 꼭 한자와 나오키 같은 우리 부장님이 말이야…"
- "'모여봐요 동물의 숲'처럼 포근한 집에서…"

이처럼 전달하려는 정보를 잘 알려진 소설의 주인공이나 인기 있는 게임 등에 비유하면, 듣는 사람이 이미지를 떠올리기 쉽습니다. 이때 비유 대상이 잘 알려진 것일수록 말하는 사람과 듣는 사람 모두 더 편하게 소통할 수 있겠죠!

날마다 무엇이든 비유해 보자

· · ·

특히 감정이나 감각을 상대에게 전달할 때, 비유 표현은 큰 힘을 발휘합니다. 최근의 제 경험을 예로 들어 볼까요? 제가 종종 들렀던 서점이 어느새 편의점으로 바뀐 모습을 보고, 뭐라 형용하기 힘든 기분을 느낀 적이 있습니다. 그때의 감정을 비유해 본다면,

"단골이었던 서점이 어느새 편의점으로 바뀐 거 있지? 많이 서운하더라. 독립해서 처음으로 얻었던 원룸이 주차장으로 변했을 때 같은… 그런 쓸쓸한 기분이었어."

비유를 섞어서 말하니 내 기분이 더 쉽게 전달되는 것 같죠? 상대방도 "나도 그 기분 알아!" 하면서 비슷한 경험담을

들려줄지도 모릅니다. 그 덕분에 대화가 술술 풀릴 수도 있고요. 다만, 이러한 화법은 비유를 활용하는 데 익숙해져야 금방금방 떠오릅니다. 우선 일상생활 속에서 게임을 하듯 무엇이든 비유해 보세요. 인상 깊었던 경험, 눈에 비친 풍경, 마음이 가는 사람 등을 '무엇에 비유할 수 있을까?' 하고 생각해 보는 거죠.

- "여름방학 마지막 날, 엉엉 울면서 숙제하는 마루코(《마루코는 아홉살》 주인공)가 된 기분"
- "롤러코스터를 탔을 때처럼 심장이 쪼이는 느낌"
- "눈앞에서 놓친 버스를 밑져야 본전이란 마음으로 뒤쫓았을 때의 절박함"

내 감정이 무엇과 닮았는지 생각해 보는 건 꽤 즐거운 일이에요. 거기에 익숙해진다면 자연스레 머릿속에 비유 회로를 만들 수 있을 거예요.

다만, 주의할 점도 있습니다. 여러분 주변에도 이런 사람

단정하게 때로는 다정하게

있지 않나요? 사사건건 야구나 역사에 비유를 드는 사람 말이에요. 상대방이 야구나 역사를 잘 모르는 사람이라면 "병살이요? 혹시 개그인가요?" 하면서 오히려 대화가 꼬일 수도 있는데 말이죠.

잘 아는 분야를 이용해서 자신감 넘치게 이야기를 펼치고 싶은 마음은 이해하지만, 우리가 비유를 활용하는 목적은 얘기를 더 알아듣기 쉽게 전달하려고 그러는 거잖아요. 그러니 비유를 들 때는 상대방의 나이나 성별, 라이프 스타일, 직업 등을 고려해 말을 고르는 게 좋습니다. 그러면 상대가 "그렇군요!" 하고 바로 알아들을 확률이 높아지겠죠!

그 비유,

혹시 본인만 재밌지 않나요?

일부러
침묵하기

3초간의 공백

· · ·

코로나바이러스로 전 세계 사람이 전에 해 보지 못한 새로운 경험을 하고 있습니다. 일상생활은 물론이고 경제활동과 학교생활에 이르기까지 모든 일에 '괜찮을까?'라는 불안이 따라붙고 있죠.

그래서인지 제가 진행하는 라디오 방송에도 "해수욕장 개설이 중지되는 바람에 가게를 못 열어서 경제적으로 힘들어요", "고교 시절 마지막 수학여행이 취소됐어요" 등처럼 힘들거나 속상한 일을 겪은 분들이 사연을 보내 옵니다. 그런 사연을 읽을 때마다 보낸 분들의 처지나 심정이 그려져 차마 입이 떨어지지 않곤 합니다.

그런데 라디오 DJ는 말을 통해 청취자와 호흡해야 합니다. 그래서 신인 시절에 저는 어떤 화제가 나오든 재치 있게 말해야 한다는 강박에 사로잡혀 있었습니다. 어쨌든 목소리가 전부인 세계이기 때문에, 정적만 흐르는 무언無言의 시간이 가장 무서웠습니다. 뭐라 말로 표현하기 힘든 대목에서도 '난 프로니까 무슨 말이든 해야 해!'라면서 말을 짜내곤 했죠.

하지만 그렇게 공백을 메우려고 뱉은 말은 상황과 어울리지 않을뿐더러 화자의 진심과도 동떨어져 있기 마련입니다. 궁지에 몰려 초조한 마음으로 한 말이니까요.

게다가 그런 상황에서는 듣는 사람도 '그냥 난처해서 하는 말이구나' 하고 화자의 마음을 꿰뚫어 봅니다(조심하려고 해도 말이 자꾸 튀어나오는 바람에 이제껏 생방송에서 얼마나 많은 실수를 했는지…).

단정하게 때로는 다정하게

꼭 말로만 의사소통을 할 수 있는 것은 아닙니다. 여러분의 말에 담긴 신뢰와 신용을 스스로 깎아 먹지 않기 위해서라도, 때론 '말을 하지 않는' 선택을 해야 할 때도 있습니다. 제가 인터넷에 영원히 자료가 남는 환경에서 되돌릴 수 없는 온갖 실수를 거듭하며 깨우친 사실은 3초간의 침묵이 그 어떤 말보다 상대를 진심으로 배려한다는 거예요.

듣는 것만으로도 괴롭고 가슴이 찢어지도록 슬픈 뉴스나 사연을 접했을 때 '말이 안 나와, 아무 말도 못 하겠어'가 본심이라면, 침묵이야말로 내 마음을 전달하는 가장 좋은 표현 아닐까요?

"그랬군요…", "힘드셨겠어요…"라는 말끝의 공백. 그 몇 초의 공백이야말로 여러분의 배려나 위로, 공감을 상대에게 자연스럽게 전달할 수 있는 최선의 방법입니다. 여러분의 침묵이 듣는 사람의 마음에 꼭 맞는 대답이 되리라 믿습니다.

깊이 스며드는 말투

· · ·

대화 중 잠깐의 침묵은 말로 표현할 수 없는 마음을 전달할 뿐 아니라, 이미 한 말을 상대방 마음속 깊이 스미게 합니다.

라디오에서 청취자의 사연을 소개할 때를 예로 들어 볼까요? 프로그램을 진행하는 데 정신이 팔려 있으면 "다음은 ○○ 씨가 보내 주신 사연입니다. … 다음은 ○○ 씨가…" 하고 득달같이 떠들게 되기 마련입니다. 그러면 듣는 사람은 내용에 집중하기 어렵기에 더는 사연을 들으려고 하지 않을 겁니다.

당신이 쉴 새 없이 이야기한다면, 사람들은 제대로 들으려고도 이해하려고도 하지 않을 거예요. 반대로 적절히 '쉼'을 넣는다면, 편안한 상태로 이야기를 주고받을 수 있겠죠.

대화 사이사이에 몇 초간의 틈을 만들어 넣어 보세요. 그럼 듣는 사람은 당신의 말이 지닌 이미지를 머릿속으로 그리며 이야기를 제대로 음미하게 될 거예요.

단정하게 때로는 다정하게

침묵을 깨는 실수

. . .

단둘이 이야기를 나눌 때 나도 모르게 상대방의 침묵을 방해하는 일도 종종 발생합니다. 저 역시 상대방이 대답을 망설이면 그 침묵을 견딜 수 없어서 "혹시 이런 걸까요?" 하며 어떻게든 대화를 풀어 보겠다는 의지로, 억지스레 대답을 유도하기도 했습니다(돌이켜 보면 참 무례한 행동이었죠). 그럼, 상대는 '잠깐만, 당신이 질문해서 지금 대답하려던 참이었는데…'라는 생각과 함께 재촉당한 듯해 불안해지겠죠.

이런 상황은 팬데믹으로 잦아진 화상 회의 때도 자주 벌어집니다. 대화 중 미묘한 시간 차가 생기면서 무언의 시간이 평소보다 길게 느껴지고, 그러다 보면 서로의 말이 겹쳐 "앗, 죄송합니다. 먼저 말씀하세요!", "아닙니다, 먼저 하세요!" 하면서 민망한 상황이 벌어지기도 하잖아요.

그런데 이때 무언의 시간이 발생하는 이유는 사실 상대방이 하려는 말을 열심히 고르고 있어서인 경우가 많습니다. 그런 상황에서 '이럴 땐 내가 나서야지. 어떻게든 잘 넘길 거야!' 하고 서둘러 말을 보태려 한다면, 상대는 그것을 '내 페이스를 흐트러뜨리는 괜한 간섭'으로 여길 것입니다.

그럴 때 최선의 행동은 대화 중 공백을 자연스레 받아들이며, 억지로 말을 끼워 넣지 않고 온화한 미소로 상대의 말을 기다리는 것입니다.

아무 말 없이 빤히 쳐다보면 압박을 느끼는 사람도 있을 수 있으니 부드러운 눈빛으로 '더 기다릴 수 있어요. 충분히 생각하세요!'라는 신호를 보내 보세요. 일단 대화의 공은 상대방에게 넘어갔으니 조급해하거나 허둥거리지 말고요.

함께한 대화가 언제나 즐거웠던 사람은 혹여 이야기가 끊기더라도 초조해하지 않습니다. 오히려 천천히 말할 수 있는 분위기를 만들며 여유로운 모습으로 다음 말을 기다립니다.

대화 중에 생기는 공백을 두려워하지 마세요. 오히려 그 빈틈에서 여러분의 매력을 발산할 수도, 상대방의 매력을 발견할 수도 있어요!

침묵을 피하지 마세요.

'서로의 말을 이해하는 데 드는 시간'일 뿐이에요.

어색한 공기
환기하기

잡담하기 눈치 보이지 않으세요?

• • •

화상으로 소통하다 보면 대화 중에 미묘한 공백이 생깁니다. 앞서 이야기한 의도적으로 만드는 공백과는 다른 종류죠. 컴퓨터 앞에 앉아 '이런 쓸데없는 이야기를 굳이 지금 할 필요는 없겠지?' 하며 서로를 배려하느라 그 누구도 쉽게 입을 떼지 않습니다. 그럼 묘하게 어색한 분위기가 형성됩니다.

화상으로 대화할 때는 심리적 안전성(누구에게든 마음 놓고 내 생각이나 감정을 표현할 수 있는 상태)을 유지하는 일이 어렵습니다. 업무상 '정보'는 주고받지만, '감정'은 공유하기 힘들기 때문이죠. 화상 회의를 하면서부터 연락은 꼭 필요한 경우에만 해야 한다는 생각에 동료들과 일상 이야기를 나누는 일이 줄었다고 느끼지 않으세요?

그럼 화상 회의 중 우연히 공백이 생겼을 때, 일상 이야기로 화제의 장벽을 낮춰 보면 어떨까요? 그 자리에서 굳이 할 필요가 없을 듯한 사소한 이야기여도 일부러 꺼내 보는 겁니다. 덕분에 작은 웃음이 일면, 누구나 쉽게 발언할 수 있는 분위기가 만들어질 거예요.

그럼 구체적으로 어떤 이야기를 하면 좋을까요? 제가 세 시간짜리 라디오 생방송을 집에서 진행했을 때 '이건 유용하겠다!'라고 느꼈던 것이 있습니다. '지금 내가 있는 곳'을 이야깃거리로 삼아 생중계하는 방법입니다. 예를 들면 이런 식으로요.

- "방금 음식 배달하는 기사님의 오토바이 소리 들렸나요?"

- "커피 머신에서 쉭 하는 소리가 났는데, 들렸다면 죄송합니다!"
- "제 뒤로 보이는 책장에 유독 고전이 많이 꽂혀 있네요. 일부러 꽂아둔 것은 아닙니다. 하하하!"

화상 회의에서의 핑퐁 대화

· · ·

며칠 전, 텔레비전을 보는데 출연자들이 각자 집에서 회선을 연결해 "하나, 둘!" 하고 입을 맞추며 온라인으로 녹화한 프로그램이 방송되고 있었습니다.

유명 코미디언 데가와 테츠로出川哲朗 씨가 "미안, 지금 외부 스피커에서 5시 알람이 엄청나게 크게 울려서…"라고 하자 다른 코미디언이 "여기서도 들려!" 하는 거예요. 그러자 진행자인 우치무라 데루요시内村光良 씨가 "이봐! 그러면 녹화 시간이 들통나잖아!" 하고 핀잔을 줘서 출연진 모두가 웃음이 터졌죠.

이렇게 화상으로 소통할 때 소소한 주변 상황을 '실황 중계'하면, 회의실에 함께 앉아 있을 때와는 또 다른 현장감이 생깁니다. 실제 회의실에서는 모두가 나를 보고 앉아 있지는 않습니다. 그러나 화상 회의에서는 조금 다르죠. 평소에는 무심코 지나쳤던 사람들의 표정이 클로즈업되어 눈에 들어옵니다. 그래서 화면을 통해 보는 사람이나 비치는 사람이나 서로 긴장하기 마련이죠.

그런 상황에서 누가 "잠깐만요, 지금 옆방에서 강아지가 간식 달라고 짖는데 조용히 시키기 위해서라도 얼른 주고 올게요!" 정도의 '환기'나 분위기 '전환'을 해 주면 그 자리의 분위기가 훨씬 부드러워집니다. 덕분에 소통도 활발해져서 한 사람 한 사람이 각자의 아이디어를 쉽게 발언할 수 있는 분위기가 조성됩니다.

라디오와 화상 회의에는 공통점이 하나 있습니다. 청자의 음소거 호응입니다. 라디오에서는 게스트가 말할 때, 라디오 DJ가 너무 많이 끼어들면 청취자가 집중해 듣기 어려울 수 있습니다. 그래서 맞장구를 치는 대신 고개를 크게 끄덕인다거나 표정으로 '이야기 잘 듣고 있어요, 재밌네요!'라는 신호를 게스트에게 보내야 합니다.

화상 회의에서도 마찬가지입니다. 누군가 말하고 있다면 내 목소리를 '음소거' 하는 것이 매너이지만, 말하는 사람의 입장에서 듣는 사람이 아무 반응도 하지 않으면 불안해집니다. 그러니 청자가 "그렇군요" 하고 소리 내어 맞장구치고 싶은 대목에서는 고개를 끄덕이거나 상대방의 이야기에 따라 자연스레 생기는 감정을 솔직하게 표정으로 드러내면 좋겠죠.

이렇게 눈에 보이는 맞장구로 호응해 준다면, 말하는 사람은 자신감을 가지고 편안하게 이야기를 풀어낼 수 있을 겁니다. 참고로 제 친구가 "모니터 바로 위에 내가 좋아하는 배우 사진을 붙여 놨더니 무표정으로 일관하기 쉬운 화상 회의 때도 절로 미소가 지어지더라!"라고 또 다른 팁을 알려주더군요. 그런 방법도 있구나, 하고 감탄했습니다.

화상 회의가 점점 잦아지는 시대에, 여러분도 자신에게 맞는 화법을 업데이트해서 활기찬 업무 환경을 만들어 보면 어떨까요?

별거 아닌 사소한 이야깃거리가

화상 회의를 즐겁게 만듭니다.

상대와의 거리를 단숨에
좁히는 첫마디

"어떻게 생각하세요?"

. . .

라디오를 듣는 사람들을 관찰해 보면, 대부분 집안일이나 다른 일을 하고 있는 때가 많습니다. 그래서 라디오 DJ가 하는 말은 청취자의 한쪽 귀로 들어가 한쪽 귀로 흘러나오기 일쑤죠. 방송이 지루할 때 청취자들은 주파수를 바꾸거나 라디오 자체를 꺼버리기도 하고요.

다행히 제가 진행하는 라디오 방송은 청취자들의 일상에

녹아들어 BGM 같은 역할을 한다는 이야기를 많이 들었습니다. 감사할 따름이죠. 하지만 "라디오 속 이야기에 푹 빠져서 저도 모르게 하던 일을 멈췄습니다!"라는 피드백을 들었을 때 가장 신납니다.

라디오 진행자로서 청취자들이 제 방송에 귀를 기울이고, 1초라도 더 들어 주길 바라는 마음이 커지는 건 어쩔 수 없나 봅니다. 그래서 저 같은 라디오 DJ들은 이른바 '청취자 사로잡기'에 늘 유념합니다. 이야기 첫머리에서 청취자의 마음을 확 사로잡아야 하죠.

비유하자면 신문사 기자가 기사의 헤드라인으로 사람들의 이목을 집중시키는 것과 같습니다. 지금, 이 순간에도 인터넷과 SNS에 올라온 수많은 기삿거리 중에서 사람들이 읽을까 말까를 선택하는 기준은 기사의 헤드라인입니다. 헤드라인을 보고 내용이 궁금하다면 더 읽고, 아니면 넘겨 버리는 거죠. 헤드라인이 흥미롭지 않은 기사는 사람들의 눈에 띄기도 전에 넘어갑니다.

라디오도 마찬가지입니다. 첫 멘트로 흥미로운 이야기를

던져야 청취자들이 '어라?' 하면서 귀를 쫑긋 세우거든요. 그럼 어떤 식으로 이야기를 꺼내야 사람들이 관심을 가질까요? 짧은 퀴즈 형식을 떠올리면 쉽습니다. 가령 "크리스마스 시즌에는 의외로 이것이 잘 팔린다는데요, 그게 뭔지 아세요?"라는 질문을 들으면 '이것'이 무엇인지 궁금해지겠죠?

이런 질문은 어떨까요? "40대 직장인 중 절반 이상이 출근 준비 중에 이런 실수를 한다고 하는데요, 여러분은 무엇이라고 생각하세요?" 만약 여러분이 40대 직장인이라면 '혹시 나도 하는 실수인가?' 하면서 다음 내용이 궁금하지 않을까요?

일상 대화에서도 마찬가지입니다. 우리가 어떤 말에 흥미를 느끼고 귀를 기울이게 되는지, 반대로 어떤 말에 지루함을 느끼고 반감을 느끼는지 곱씹어 보세요. 상대에게 건넬 첫마디를 고를 때 훌륭한 교재가 될 겁니다.

수다를 떨 때도 '헤드라인' 주의

· · ·

이렇게 헤드라인은 평소 대화를 나눌 때도 응용할 수 있습니다.

- "오늘 보고 싶었던 사람을 만났어. 누구일 거 같아?"
- "저번에 집에서 혼술하는 횟수가 늘었다고 했잖아. 내가 진짜 맛있는 안주 레시피 알려 줄까?"

이렇게 상대방이 관심을 가질 법한 화제를 퀴즈 형식으로 꺼내면 내 이야기에 흥미를 가질 뿐만 아니라 그다음 대화도 매끄럽게 이어집니다.

- "오늘, 중학교 때 같은 반이었던 ○○를 만났어."
- "혼술할 때 곁들이면 좋을 안주 레시피를 알려 줄게."

이렇게 말해도 되지만 앞선 예와 비교하면 화자가 일방적으로 이야기를 시작하는 느낌입니다. 반면 퀴즈 형식으로 대화의 물꼬를 트는 앞선 예는 화자가 청자를 대화로 초대하는 것 같지 않으세요?

'이 사람과 대화하면 참 재미있어, 지루할 틈이 없잖아'라는 생각이 드는 사람들을 보면, 화두를 던지는 방법부터 다릅니다. 그들은 자신의 관심사 대신 '상대방의 관심사는 뭘까?'를 생각하며 대화의 첫마디를 고르죠. 여러분도 이렇게 해 보세요. 지금보다 훨씬 즐겁게 대화할 수 있을 거예요!

'이 사람은 어떤 얘기를 듣고 싶을까?'를

생각하며 첫마디를 건네보세요.

나만의 신조어로
표현력 끌어올리기

흥미를 끄는 말은 주변에 널려 있다

· · ·

세상에는 재밌고 매력적인 표현이 많이 있습니다. 책이나 잡지, 뉴스와 신문의 헤드라인을 비롯해 거리에 붙어 있는 포스터까지, 사람들의 이목을 끌기 위해 다듬어진 말들은 마음에 탁 걸려듭니다.

저는 그런 자극을 받으면 '나만의 신조어'를 만듭니다. 라디오에서든 일상에서든 이야기를 나눌 때 적절히 신조어를 사용하면 사람들이 '그게 뭐야? 무슨 뜻인데?' 하며 흥미를 가지고, 그다음 대화도 매끄럽게 이어질 확률이 높기 때문이죠. 근데 신조어라고 해서 세상에 없던 말을 새롭게 만들어야 하는 것은 아닙니다.

며칠 전, 방을 정리하다가 문득 딸아이가 빌려온 동화책 표지에 눈길이 갔습니다. 《블랙홀 돌보기》라는 책으로, 주인공인 열세 살 여자아이 스텔라가 자기를 뒤따라온 블랙홀을 반려동물로 삼는다는 내용입니다. 사춘기 소녀의 성장을 다루는 이 책의 비유가 너무 독특해서 저도 모르게 감탄하며 읽었죠. 블랙홀을 반려동물로 여기고 돌본다는 발상이 너무 신선하지 않나요?

이럴 때면 저는 기발한 연상에서 힌트를 얻어 일상 대화에서 활용할 수 있는 신조어가 없을지 생각해 봅니다. '돌본다'라는 말을 다른 말과 연결해서 쓸 수 없을까 하고요. 예를 들어, '자의식을 잘 돌보는 법', '긴장감을 잘 돌보는 법', '자기 시간을 잘 돌보는 법' 등처럼 괄호 채우기 퀴즈를 풀듯 여러 가지 말을 연상하며 노트에 적어 보는 겁니다.

이런 경우도 있죠. 엄청난 인기를 끌었던 K-드라마 〈사랑의 불시착〉에서 힌트를 얻어 이야기의 '결말'이 흐지부지 끝나면 '결말의 불시착'이라고 곁들여 대화 분위기를 화기애애하게 만들어 볼 수도 있고요. 이 드라마를 모르는 사람이더라도 마무리가 매끄럽지 않아서 불시착했다는 말이구나, 하고 대화의 맥락을 유추해 함께 웃을 수 있습니다. 이렇게 친숙한 단어를 조합해 신조어를 만들어 쓰면 이야기가 위트 있으면서도 그 맥락을 이해하기도 쉬워 대화가 즐겁습니다.

이외에도 '명사를 동사화'하면 신조어를 쉽게 만들 수 있습니다. '구글google 검색 → 구글링하다', '디스리스펙트disrespect → 디스하다' 등이 여기에 해당합니다.

얼마 전에 방송국 직원이 코로나바이러스 방역 대책으로 필수품이 된 아크릴판을 라디오 부스마다 설치하고 있기에 그 행위를 "아크릴하다"라고 표현해 봤는데, 주변 반응이 괜찮아서 스태프 모두의 공용어가 됐습니다. 이렇게 신조어를 잘 활용하면 대화에 활기를 불어넣을 수 있습니다. '신조어 만들기'를 뇌를 유연하게 만드는 체조라고 생각하면서 한번 즐겨 보세요!

TPO에 맞춰 대화하기

· · ·

반응이 좋았던 신조어라고 하더라도 너무 자주 사용하면 안 됩니다. 정작 중요하게 해야 할 이야기를 못 할 수도 있기 때문이죠. 혹은 사람들에게는 아직 친숙하지 않은 신조어를 억지로 쓰면서 혼자만 재밌는 안타까운 상황이 연출될 수도 있어요. 그러니 신조어를 사용할 때는 분위기를 잘 보고 써야 합니다.

'이 타이밍에 꼭 웃겨야지!' 하고 벼르고 신조어를 사용할수록 대화의 열기가 점점 식을 수 있으니, 신조어의 용법과 용량을 잘 지켜서 적당히 사용해야 합니다.

신조어를 센스 있게 사용하면

상대와 친밀감을 쌓을 수 있습니다.

약간
모자란 정도가 좋다

넘치는 친절의 함정

· · ·

"라디오에서 이야기할 때는 듣는 사람 몫에 맡기는 부분도 있어야 해. 무엇이든 자세히 설명하려고 하면 오히려 제대로 전달되지 않을 수 있어."

제 토크가 길게 늘어졌던 날, 한 디렉터가 해 준 조언입니다. 전 말하는 일이 직업인 사람인데도 대화의 균형을 맞추는 일이 정말 어렵구나, 하고 자주 반성하게 됩니다.

어떤 이야기를 할 때 설명이 부족해도 문제지만, 설명이 너무 많아도 듣는 입장에서는 그 모든 내용을 소화하기 힘듭니다. 예를 한번 들어 볼까요? 다음은 연말연시 거리 풍경을 묘사한 것입니다.

"해 질 무렵 신사로 가는 길목에선 이미 액막이 화살을 들고 있는 사람이 여럿 보였습니다. 역 근처는 설날 선물인지 커다란 꾸러미를 들고 귀가를 서두르는 사람들로 붐볐고요. 그리고 상점가에서는 "이제 몇 밤만 더 자면…" 하고 〈설날〉이라는 노래가 흘러나와…"

이렇게 눈에 보이는 것을 모두 설명하면 이야기가 장황하게 들리고, 화자가 하고 싶은 말이 뭔지 알아듣기도 어렵습니다. 심지어 계속 듣고 있으면 지루하기도 하고요. 그럼 이와 반대로 특히 인상 깊었던 풍경에 스포트라이트를 비춰 이야기한다면 어떨까요?

"추운 듯 발걸음을 재촉하는 70대 남성의 손에는 종이 장식이 붙은 술이 두 됫병 들려 있었습니다. 끈으로 두 병을 꽉 묶었더라고요. 아마 설날 선물이겠죠? '아, 연말연시 풍경은 참 운치 있구나' 하고 느꼈습니다."

이처럼 하고 싶은 말의 범위를 좁혀야 상대의 머릿속에 이야기 내용이 쉽게 연상됩니다. 원래 전달하고 싶었던 '연말 특유의 운치 있는 풍경'이 인상 깊게 남죠.

대화도 취사선택

· · ·

'노을이 드리워져 따스하게 빛나는 에노시마江の島'를 사진에 담고 싶다면, 해 질 무렵의 에노시마를 넓게 찍으면 됩니다. 그러나 '노을을 따라 덜컹덜컹 달리는 에노시마 전철'을 사진에 담고 싶다면, 줌을 해서 다른 요소는 빼고 노을과 전철만 찍어야 하죠. 이때 "이거 멋지다, 저것도 좋아" 하면서

욕심을 내면 애매한 풍경을 찍게 됩니다.

대화도 사진 촬영과 마찬가지입니다. 내가 상대에게 전하려는 메시지에 집중한 다음, 그 외 내용은 싹둑 잘라낸다는 생각으로 이야기해야 합니다. 내가 찍고 싶은 것을 클로즈업해야 사진 속 메시지가 잘 전달되듯이 대화 또한 내가 뭘 전달하고 싶은지, 그러기 위해선 뭐가 필요하고 뭐가 불필요한지 분별해야 잘 이야기할 수 있습니다. 취사선택 중 '버릴 사진'에 주의하면, 전달하고 싶은 내용이 상대에게 선명하게 남습니다.

괜한 걱정에 말을 보태고 싶더라도 꾹 참으세요. 군더더기가 빠지면서 메시지가 명확히 전달될 테니까요.

50% 찼을 때 일단정지

· · ·

평소 본인이 말을 너무 길게 하는 편이라고 생각한다면 '50% 찼을 때 일단정지'라는 문구에 유념하세요. 그럼 사람들과 즐거운 대화를 이어갈 수 있습니다. 옛날 조례 때 자주 들었던 교장 선생님의 훈화 말씀이나 친구 결혼식 축사를 떠올려 보세요. 긴긴 이야기는 누구나 지겨워하잖아요.

하고 싶은 말이 1에서 10까지 있다면, 한 번에 그 열 가지를 모두 말하려고 하지 마세요. 대화란 서로 시간을 공유하는 것이기 때문에, 여러분이 하고 싶은 말 중에서 절반 정도 했다면 오늘은 충분히 이야기했다고 여겨야 합니다. 듣는 사람을 위한 '공간'을 남겨 두는 건 말하는 사람이 지켜야 할 매너이자 어른스러운 배려입니다.

하고 싶은 대로 잡다한 이야기까지 모두 쏟아내지 않고, 상대방을 배려하며 조금씩 이야기한다면 어떨까요? 이러한 판단이 가능한 사람은 대화할 때 상대에게 안정감을 주기 때문에 어떤 말을 해도 기분 좋게 들어줄 겁니다.

말이 길면 듣기 피곤해요.

정말 하고 싶은 말이 무엇인지 생각해 보세요.

'여러분'이 아니라
'당신'에게

어떻게 말해야 정답일까?

· · ·

"어떻게 해야 말을 잘하는 걸까요?" 말하는 일이 업인 사람들에겐 매우 근원적인 질문입니다. 제 직업에 비추어 이야기한다면 라디오 프로그램은 진행자의 개성에 따라 방송 분위기가 달라지기 때문에, 프로그램을 진행할 때 제작진이 DJ의 자유를 존중합니다. 물론 그만큼 책임지고 방송을 잘 이끌어야 하죠.

처음 마이크 앞에 혼자 앉아 방송을 시작했을 때는 '목소리는 어떻게 내면 좋을까? 더 밝게, 아니면 더 차분하게? 말투는 정중한 게 좋을까? 아니면 친근하게?' 하고 꼬리에 꼬리를 물고 생각했죠. 제 말투에 따라 청취자마다 느끼는 바가 다를 텐데 어떻게 말해야 할지 계속 고민이 되더군요. 그러던 중에 제 고민을 눈치챈 담당 프로듀서가 "한 사람에게 말하듯 해 봐"라고 조언해 주더군요. 함께 수다를 떨며 웃음꽃을 피우는 친구, 닮고 싶은 선배, 마음이 맞는 후배 등 특정한 누군가를 떠올리며 그 사람에게 말을 건네듯 이야기해 보라는 거죠.

그렇게 했더니 '아, 원래 대화란 이런 마음으로 하는 거지? 다정하게 말이야' 하고 평소의 감각이 되살아났습니다. 신기하게 마음도 편안해져서 원고도 제 말투대로 자연스럽게 읽을 수 있게 되었죠. 나아가 이러한 모습이 그 사람의 '개성'이 된다는 사실을 깨달았습니다.

그럼 저는 라디오 부스에서 누구를 떠올리며 이야기할까요? 가령 NHK에서 일할 때는 "말을 너무 빨리하지 않도록

단정하게 때로는 다정하게

주의할 것"이라는 인식이 깔려 있었습니다. 청취자 연령대가 폭넓었기 때문이죠.

그때 제가 떠올렸던 대화상대는 일흔셋의 시어머니였습니다. 시어머니께 최신 스마트폰 사용법을 알려드린다고 가정하면, 자연스레 천천히 말하게 됩니다. 말하는 중간중간 틈을 주고 중요한 내용은 반복하는 등 평소보다 훨씬 알아듣기 쉽게 신경 쓰면서 이야기하는 겁니다. 그리고 외래어는 되도록 사용하지 않고, 모든 세대가 뜻을 아는 단어를 골라 사용하는 거죠.

특정한 사람에게 말하려면 호칭도 달라져야 합니다. 전 라디오에서 "(청취자) 여러분"보다 "당신"이라고 부르기를 좋아합니다. 그러면 청취자에게 '당신에게 하는 말이에요'라고 일대일 감정으로 제 말과 마음을 전할 수 있으니까요.

예를 들어, "여러분은 어떻게 생각하세요?"라고 물었을 때와 "당신은 어떻게 생각하세요?"라고 물었을 때를 비교해 보세요. "여러분"이라고 하면 '나를 지칭하는 게 아니잖아' 하고 마치 남의 일처럼 느껴지지 않나요?

학창 시절에 선생님이 "누구 이 문제 아는 사람?" 하고 물었을 때와 똑같은 상황입니다. 저는 그 '누구'에 제가 포함되어 있다고 생각하지 않고, '다른 애가 대답하겠지. 내가 나설 필요 없어' 하고 가만히 있던 학생이었습니다. 어떻게든 선생님과 눈을 마주치지 않으려고 쭈뼛쭈뼛하며 시선을 돌렸죠.

반면 "당신"이라고 부르면 '나?' 하면서 반응하게 됩니다. 저도 청취자로서 라디오를 들을 때 진행자가 "당신"이라고 말하면, 그 말이 저를 향해 바로 날아드는 것 같아 가슴이 두근거립니다. 실제로 이렇게 말하면 청취자들의 반응도 크게 달라져서 참 신기합니다. 말과 행동의 관계는 정말 흥미로워요.

다만 일상 대화에서는 상대를 이름으로 불러주세요. '당신'이란 말은 좀 딱딱할 수 있거든요. "어떻게 생각하세요?"가 아니라 "○○ 씨는 어떻게 생각하세요?" 하고 일부러 이름을 넣는 거죠. 그럼 상대는 '저 사람이 내게 집중하며 이야기하고 있구나. 잘 대답해야지' 하고 적극적으로 대화에 참여할 겁니다.

단정하게 때로는 다정하게

제가 진행하는 라디오 방송의 전화 연결 코너에서는 마지막에 게스트에게 '메시지 한마디'를 듣습니다. 그때 "이제 마무리해야 하는데요. ○○ 씨, 지금 방송을 듣고 있는 분들께 한 말씀 해 주시겠어요?" 하고 일부러 게스트 이름을 넣어서 말합니다. 그러면 수화기 너머의 목소리가 한층 밝아집니다. 역시 사람은 누군가 자기 이름을 불러주면 기분이 좋아지나 봅니다.

여기서 한 발짝 더 나아가, 적절한 순간에 상대를 별명으로 불러보는 것도 좋은 방법입니다. 예전에 제 방송에 기타리스트 노무라 요시오野村義男 씨를 초대한 적이 있습니다. 원래 성으로 불렀는데, 노무라 씨의 성품이 워낙 소탈하고 흥이 넘쳐서 중간에 용기를 내 별명으로 불러 봤습니다. 노무라 씨가 농담을 던졌을 때 그 기회를 놓치지 않고 "'요짱'이 그런 말 해도 돼요?" 하고 물었죠. 그 순간 노무라 씨는 머리를 긁적이더니 소년 같은 미소를 지었습니다. 다른 게스트들도 웃음이 터져서 스튜디오 분위기가 단숨에 부드러워졌죠. 다만, 별명으로 상대를 부를 때는 타이밍을 신중하게 봐야 합니다. 만나자마자 바로 그러면 역효과를 불러올 수 있어요. 긴장이 적당히 풀렸을 때 가벼운 핀잔에 얹어서 이름이 아닌 다른 호칭으로 불러 보세요.

"잠깐만요, 선생님", "○○ 반장!" 등처럼 그 사람의 특징을 활용해도 웃음을 자아낼 수 있습니다. 평소 상대방에게 예의 바르게 말을 건네왔다면, 한 번쯤 친근하게 말을 건다고 해서 화낼 사람은 없습니다. 그리고 이런 말을 덧붙여도 좋습니다.

- "죄송해요, 제가 너무 친근하게 굴었죠?"
- "얘기가 재밌어서 제가 너무 들떴네요!"

이렇게 한마디를 덧붙여서 상대에게 호의를 표시하는 것이 한 세트랍니다.

단정하게 때로는 다정하게

'내'가 아닌 '상대'에게 집중하면

이야기가 훨씬 잘 풀릴 거예요.

2장

매력이 발산되는
호감 가는 말투

목소리에
옷 입히기

상대방은 지금 어떤 상황일까?

∙ ∙ ∙

"심야 방송이니까 느긋하고 차분한 말투로 말하는 게 좋겠지?", "평일 아침 방송은 하루를 시작하며 듣는 사람이 많으니까 밝고 산뜻한 톤으로!"

새로운 라디오 프로그램을 기획할 때, 저는 프로듀서나 디렉터와 "이 방송은 DJ가 이런 느낌으로 하면 좋겠어" 하고 목소리의 이미지를 공유합니다. 이처럼 라디오 DJ가 방송에 따라 목소리 톤이나 말투를 바꾸는 일은 운전자가 자동차를 몰때 주행 거리에 맞춰 기어를 바꾸는 것과 같습니다.

라디오는 사람들의 생활에 밀착된 미디어입니다. 그래서 저는 방송할 때, '청취자들은 지금 어떤 상황에서 라디오를 듣고 있을까?' 상상하며 그에 맞춰 '목소리에 새 옷을 입힙니다'.

예전에 라디오 방송국 J-WAVE에서 제가 맡았던 프로그램 〈그루브 라인GROOVE LINE〉은 평일 오후 4시 30분부터 8시까지 세 시간 반 동안 진행되었습니다. 그때 전 '적절한 속도로 부드럽게 말하기'에 유의했습니다. 같이 진행했던 피스톤 니시자와ピストン西沢 씨의 자유분방한 이야기를 방송 흐름상 끊어야 할 때도 "맞아요, 그럼 다음으로 넘어갈까요?" 하고 할 말은 하면서도 끝까지 웃음을 띠며 화제를 일단락 지었죠.

늦은 오후는 대부분이 부산스럽고 바쁘게 보내는 시간대입니다. 주간에 일하는 사람은 '퇴근 전에 여기까진 끝내야지' 하며 업무에 박차를 가하고, 집안일 하는 사람은 장을 봐와서 저녁 식사를 준비하고, 씻을 준비를 하는 등 이리 뛰고

단정하게 때로는 다정하게

저리 뛰죠.

그럴 때 라디오에서 들리는 목소리가 너무 느릿느릿하면 지금 내 상황과 도통 맞지 않아 듣기 거북합니다. 그래서 말투는 물론이고, 이야기 주제나 음악을 고를 때도 바쁜 오후의 템포에 어울리는 짧은 것들로 프로그램을 채우려 노력했습니다.

반면 제가 지금 FM 요코하마Fm yokohama에서 진행하고 있는 〈쇼난 바이 더 씨 SHONAN by the Sea〉는 일요일 아침 방송으로, 평일 저녁 방송과는 분위기가 사뭇 다릅니다. 집에서 편안하게 듣는 사람이 많아서 느긋한 분위기에 찬물을 끼얹지 않도록 목소리 톤을 살짝 낮추죠. 제가 말을 거는 청취자 중 일부는 아직 이불 속에서 듣고 있을지 모르니까요. 아니면 여유롭게 아침 식사를 하고 있거나 가족과 편안한 시간을 보내며 한적하게 산책하고 있을 수도 있고요. 어느 쪽이든 라디오 DJ의 목소리가 조금 낮고 온화해야 청취자들의 여유로운 시간을 방해하지 않을 수 있습니다.

어떤 방송이든 시작 전에는 '지금, 이 순간 사람들은 무엇을 하며 라디오를 들을까? 나라면…' 하고 청취자에 저를 대입해서 상상합니다. 예를 들어, 〈쇼난 바이 더 씨〉 방송 전에는, '일요일 아침이면 나는 커피 향을 음미하면서 쉬거나 좋아하는 음악을 틀어놓고 꾸벅꾸벅 졸지 않을까…' 하고 그려보는 거죠.

라디오 진행과 같이 특정 상황이 아니더라도, 일상 대화에서도 '진짜 잘해 봐야지!' 하고 너무 의욕만 앞서서 헛발질한 경험 있지 않으세요? 그건 내 생각에만 치우쳐 상대방의 상황은 고려하지 않고 말했기 때문입니다. 듣는 사람을 배려하지 않으면, 내가 의욕이 넘칠수록 듣기 거북한 목소리로 느껴질 뿐입니다.

대화도 캐치볼하듯

· · ·

우리는 상황에 따라 목소리를 다르게 냅니다. 각자 경험을 바탕으로 '어떤 목소리가 그 자리에 적합한지, 어떤 말투로 말해야 서로 유쾌하게 대화할 수 있을지'가 머릿속에 남아 무의식중에 목소리가 바뀌는 사람도 많을 겁니다. 인사를 예로 들면 출근할 때는 "좋은 아침입니다!" 하고 시원시원한 목소리로, 퇴근할 때는 "수고하셨습니다", "먼저 실례하겠습니다" 하고 온화한 목소리로 말하죠.

이렇게 생활 속에서 목소리 톤을 조절하면, 가정이나 직장에서 사람들과 관계를 좀 더 유연하게 만들 수 있습니다. 가령 일에 지쳐 퇴근한 배우자에게 "자기야, 내 말 좀 들어 봐! 오늘 엄청난 일이 있었는데…!" 하고 텐션을 높여 일방적으로 하고 싶은 말을 쏟아내면, 듣는 사람은 큰 부담을 느낍니다. "잠깐만, 일단 좀 쉬자" 하고 마음과 귀를 닫아 버리죠. 말하는 사람의 입장에서는 내 이야기를 제대로 들어 주지 않는다며 불만이 쌓일 테고요.

서로 대화 방식이 맞지 않으면 '왜 내 마음을 모르는 거야?' 하고 양쪽 모두 스트레스를 받습니다. 그럴 때는 되도록 말을 거는 쪽이 상대방의 기분을 살펴야 합니다. 상대가 피곤해 보이면 타이밍을 보다가 컨디션이 좀 나아졌을 때 말을 걸어 보세요. 평소 본인 목소리보다 살짝 나직하고 느긋한 템포로요.

우선 "오늘 무슨 일이 있었는지 한번 들어 볼래?" 하고 운을 떼 보세요. 바로 본론으로 들어가기보단 한 단계를 거치면 듣는 사람의 태도도 달라집니다. "그래, 말해 봐"라는 대답을 듣더라도, 한 번에 모조리 쏟아내지 말고 스스로 느끼기에 조금 짧은 분량으로 이야기하는 게 좋습니다. 상대가 더 자세히 듣고 싶다면 질문을 할 테니까요.

진부한 표현이지만, 대화는 캐치볼처럼 해야 합니다. 아직 준비 운동도 하지 않았는데 갑자기 내 페이스로 강속구를 날리면, 상대방은 당연히 '헉, 좀 기다려!' 하고 반응하게 되죠. 때에 따라서는 기분이 상하거나 '미안, 지금은 안 되겠어!' 하고 도망갈 수도 있고요. 이처럼 상대의 상황을 고려하지 않고, 일방적으로 말을 걸면 신통치 않은 반응이 돌아올 확률이 높습니다.

단정하게 때로는 다정하게

목소리에 새 옷 입히기

· · ·

"전 언제나 성심성의껏 대화에 참여하는데 주변 반응이 별로예요"라는 고민을 하고 있다면, 혹시 대화 분위기와 상관없이 '언제 어디서나 활기차게' 이야기하진 않았는지 돌이켜 보세요. 장소나 상황에 따라 알맞은 옷을 골라 입듯이, 말투나 목소리도 대화를 나누는 장소나 상황에 맞춰 적절히 바꿀 줄 알아야 합니다.

· '처음 가는 곳이니까 평소보다 크게 인사해야지.'
· '나이가 있는 고객이니까 프레젠테이션할 때 말하는 속도를 늦추고 찬찬히 설명해야지.'
· '참신한 아이디어를 기대하고 있을 테니까 적당한 템포로 밝게 발표해 봐야지.'

'나는 이런 목소리밖에 못 내는데…', '내 말투는 원래 이런데…' 하고 단정 지으면, 상황이 조금만 삐걱거려도 스스로를 궁지에 몰아넣을 수 있습니다.

이렇게 생각해 보면 어떨까요? 예를 들어, '저번에 발랄한 모드로 얘기했더니 대화에서 겉도는 느낌이었으니까 이번엔 차분한 모드로 해 봐야지' 하고요. 옷장에 다양한 옷을 준비해 놓듯이 목소리도 몇 가지 스타일을 만들어 갖춰 보는 거예요. 평소에 말투를 다양하게 변주해 길들이다 보면, 어떤 상황이나 분위기에서도 꼭 맞는 대화상대가 될 수 있을 거예요.

당신의 목소리,

그 자리에 잘 스며들고 있나요?

내 마음을
실황 중계하기

칭찬한 사람의 마음을 상상해 보자

· · ·

오로지 말로 사람들과 소통하는 라디오 DJ로 오랫동안 활동하다 보니, 주변에 "내 마음을 잘 표현 못 하겠어. 어떻게 하면 돼?" 하고 고민을 털어놓는 사람이 많습니다.

라디오 DJ의 주요 업무를 한마디로 소개하면, '생각하고 느낀 바를 말로 표현하는 것'입니다. 특정 날씨나 분위기, 음악이나 책에 대한 감상, 게스트를 초대했을 때 어떤 인상을 받았는지 등을 이야기하죠. 대본 없이 프리 토크를 하기도 하고, 생방송 중 청취자가 보낸 사연에 말을 덧붙이기도 합니다. 이렇게 매일 같이 제 생각을 말로 전하고 있지만, 아직도 '이 상황에 이 표현이 딱이야!' 하는 말을 찾기란 쉽지 않습니다.

저와 비슷한 고민을 하는 사람이 매우 많을 거라고 생각합니다. 분위기를 헤아려 적절하게 말했는데도, 뒤늦게 '아, 이렇게 말할걸' 하고 후회할 때가 자주 있죠. 선물을 받았을 때를 예로 들어 볼까요? '정말 고맙고 기뻐서 기억에 남을 만한 인사를 하고 싶어. 이런 자리에선 뭐라고 해야 정답이지?' 하고 너무 깊이 생각하면 오히려 말이 나오지 않습니다. 결국 "고마워"라는 간단한 한마디로 끝낼 때가 많죠. 물론 고맙다는 말도 솔직하고 좋지만, '좀 더 표현했다면 좋았을 텐데' 하고 자책하면서 마음이 불편했던 경험이 있지 않으세요?

누군가에게 칭찬을 받았을 때도 어떻게 반응해야 할지 난감합니다. 기분은 좋지만 쑥스럽기도 하고, 칭찬받을 정도는 아니란 생각에 "아니에요, 과찬이십니다…" 하며 화제를 돌리려 하죠. 솔직하게 "감사합니다, 그렇게 말씀해 주셔서 기뻐요!"라고 말하면 건방지거나 거만해 보일 것 같아 결국 무난하게 "아니에요"라고 답하곤 말죠.

그런데 상대 입장에서 생각해 보세요. 선물이나 칭찬을 건넸을 때, 상대가 눈앞에서 환한 미소를 띠며 "정말 기분 좋네요!" 하고 밝은 목소리로 표현해 준다면 훨씬 좋지 않을까요? 기분 좋은 말과 행동에 좋은 반응이 따라오면 그 기운은 선순환됩니다. 그러니 누가 호의를 베풀거나 좋은 말을 건네면 그 마음에 확실히 보답해 주세요. 내 반응이 곧 '상대방에 대한 보답'이라고 생각하면, 까탈스러운 자의식도 자연스레 사라질 거예요.

솔직하게 감정을 드러내는 일이 어색하다면, 평소에 감정을 객관적으로 바라보고 언어로 표현하는 연습을 해 보세요. 제가 추천하는 방법은 '내 마음 실황 중계하기'입니다. 다음의 두 가지 방법을 한번 따라해 보세요.

① 신체 변화를 말로 표현하기

몸과 마음은 이어져 있습니다. 감정이 움직이면 몸에도 변화가 생기죠. 이를테면 다음과 같이 표현해 보는 거예요. "지금 너무 기뻐서 웃음이 절로 나요", "라이브 연주가 뿜어내는 힘에 압도돼서 가슴이 두근두근 뛰어요", "너무 긴장해서 손에 땀이 장난 아니네요" 등처럼 신체 변화를 생중계하며 감정을 표현해 보는 거예요.

② 행동 변화를 말로 표현하기

마음이 움직여 취한 행동을 말로 표현해 보는 방법도 있습니다. 이렇게요. "벌써 기대돼요. 스케줄러에 크게 표시해 둘게요!", "너무 좋아서 환호성을 질렀어요", "계단을 두 개씩 뛰어 올라올 정도로 기대하면서 왔어요" 하는 식으로요.

지금, 이 순간에도 여러 감정이 생겼다가 사라질 텐데 그대로 흘려보내지 말고 말로 표현해 보세요. 별거 아니지만 하루하루가 조금씩 더 즐거워질 거예요. 유쾌한 대화는 덤입니다!

당신의 희로애락을

어떤 말로 표현할 수 있을까요?

틀을 사용하면
내 개성이 보인다

FM 라디오 화법에서 벗어나기까지

• • •

"사실 전 'FM 라디오 말투'에 꽤 비판적입니다."

2018년 호보니치 테쵸(일본 리빙디자인 브랜드) 토크쇼에서 대표 이토이 시게사토糸井重里 씨가 한 말입니다. 여기서 FM 라디오 진행 화법이란 가령 "가을은 쓸쓸한 계절이라 여름날의 사랑을 잊지 못하게 한다"라고 단정하는 듯한 (뻔한) 말투를 말합니다. 좀 더 쉽게 설명하면 이토이 씨 머릿속 FM 라디오 말투의 이미지는 어디서 베껴 온 본보기 문장이거나 말하는 사람의 감정이 깃들어 있지 않은 대본 같은 것이라 합니다. 저는 라디오 DJ로서 그의 오해를 확실히 풀어주고 싶었습니다.

FM 라디오를 진행하는 DJ가 본보기 같은 말만 읊고 있다고 생각하지는 않지만, 일종의 '틀'을 가지고 있는 것 같긴 합니다. '차분하고 단정한 목소리', '특유의 뉘앙스로 영어를 섞어 말하는 세련된 화법'이 떠오른달까요?

전 어릴 때부터 토크는 적고 감미로운 재즈를 많이 틀어주는 라디오 방송만 들었습니다. 화려하게 반짝반짝 빛나는 어른들의 세계를 동경하며 '그래, 이게 바로 FM 라디오지!'라고 생각했죠. 대도시가 한눈에 내려다보이는 고층 빌딩의 스튜디오에서 와인 잔을 들고 조용조용 이야기하는 아름다운 여성을 상상하곤 했습니다. 꿈과 이상을 크게 부풀렸던 10대 시절이었습니다.

그런 제가 라디오 DJ로서 경력을 쌓기 시작한 건 대학교 3학년 때였습니다. 큰맘 먹고 지원한 음악전문 라디오 FM802

단정하게 때로는 다정하게

오디션에 합격하면서부터였죠. 그 시절 저는 꿈을 이뤄서 매우 기뻤지만, '하루라도 빨리, 그동안 존경했던 라디오 DJ처럼 되고 싶어!' 하고 너무 조바심을 낸 나머지 빠른 속도로 공회전하고 있었습니다. '자고로 DJ란 이런 거지' 하며 방송에서 뻔한 말들만 번갈아 늘어놓았죠. 네, 그야말로 FM 라디오 말투를 쓰고 있었습니다.

처음엔 제가 꽤 잘한다고 생각했어요. 그런데 1년쯤 지나자 뭔가에 가로막힌 느낌이 들었습니다. 어쩌면 당연했어요. 라디오 실정도 잘 모르면서 '멋진 DJ'라는 이상에 절 억지로 끼워 맞췄을 뿐이니까요.

정해진 패턴대로 라디오를 진행하다가 더는 할 말이 없어지자, '아까도 같은 말 했잖아…'라고 자책하면서부터 말이 잘 나오지 않게 되었습니다. 분명 내가 한 말이지만, 내 입에서 나온 말이 아닌 듯한 기분. 다른 누군가의 입을 통해 주절주절 떠드는 듯한 괴리감이 점점 커졌습니다.

실제로 신인 시절에 했던 방송을 다시 들어 보니, 제가 남의 말투나 이야기를 그대로 가져다 하고 있더라고요. 그럴싸하게 원고를 읽었지만 단조롭기 그지없더군요. 청취자들도 아마 느꼈을 거예요. 너무 한심한 고백이지만, 이렇게 정해진 틀을 한참 따라 하다가 더는 안 되겠다 싶어 '나만의 화법'에 관해 처음으로 진지하게 고민하게 됐습니다.

저는 그 후에 진행한 〈그루브 라인〉을 통해 멋진 DJ라는 환상에서 벗어날 수 있었습니다. 함께 프로그램을 진행했던 대선배 피스톤 니시자와 씨가 "한번 꾸밈없이 이야기해 봐"라고 조언해 주더군요. 그 말에 '그래! 원래 난 세련된 스타일은 아니잖아' 하고 솔직하게 인정하고 나니, 그동안 어깨를 짓누르던 부담감이 덜해지는 것 같았습니다.

틀을 벗어던지고 나니 '그럼 내 개성은 뭘까? 뭘 어떻게 갈고닦아야 할까?'라는 생각이 가장 먼저 들더군요. 이를 기점으로 저는 '나만의 언어'를 찾기 시작했습니다.

우선, 방송을 매일 다시 들으며 제 말투와 화법을 분석했습니다. '방송을 시작할 때 피스톤 씨와 공을 주고받듯 좀 더 스스럼없이 이야기를 나눴다면, 청취자들이 더 재밌게 들었을 텐데!', '퀴즈 코너에서 'OO인가요?' 대신 '설마 OO라고요?'라고 묻는 게 평소 내 말투인데' 하고 분석했죠. 그런 다음 '내일은 이렇게 해 보자!' 하고 저에게 작은 숙제를 내줬습니다.

숙제를 잘한 날도 있었지만, '그러지 말걸', '앞으로는 이렇게 말해 봐야지' 하는 날도 있었습니다. 그렇게 시행착오를 거듭하면서 조금씩 저만의 말투를 만들었습니다.

변화를 두려워하지 말자

· · ·

화법을 바꾸고 싶다면 우선 다양한 말투를 시도해 보는 것이 중요합니다. 나와 어울릴지, 내 입에 착 붙을지는 실제로 그 말을 써 봐야 알 수 있어요. 제가 동경했던 FM 라디오 말투도 실제로 제가 써봤기 때문에 '이 말투는 나와 어울리지 않는 것 같아' 하고 깨달았던 거죠.

처음부터 내게 가장 잘 어울리는 무언가를 찾기란 어려운 일입니다. 심지어 어디서부터 찾아야 할지 모를 때도 있습니다. 그럴 땐 우선 닮고 싶은 누군가를 목표로 삼아 보세요. 끝없이 펼쳐진 망망대해에서 등대 같은 역할을 해 줄 거예요. 우선 1밀리미터라도 등대에 가까워질 수 있도록 노를 저어 봅시다(모방은 창조의 어머니라고 하잖아요!).

물론 처음 설정한 롤모델에 끝까지 매달리지 않아도 됩니다. 본인에게 맞지 않다면 바로바로 수정해 나가면 돼요. 맞지 않은 점을 찾은 것도 큰 수확입니다. '시도 → 실패 → 새로운 시도'라는 사이클을 돌다 보면, '이건 아니구나. 내가 괜한 고집을 부렸어' 하고 나에게 맞지 않는 가치관도 하나둘 벗어던질 수 있습니다.

한 사람의 개성과 취향은 한 살 두 살 나이를 먹어감에 따라 바뀌기 마련입니다. 말할 때 역시 젊은 시절의 말투를 계속 유지한다면 어색해 보일 거예요. 그러니 한 가지 틀에만 얽매이지 말고 자연스럽게 변화를 시도해 보세요!

단정하게 때로는 다정하게

이상적인 틀을 고집하지 마세요.
고집을 버리면 당신의 개성이 보일 거예요!

착각들아,
이젠 안녕!

하고 싶은 말은 정확하게

· · ·

일을 잘하는 사람들에게는 몇 가지 공통점이 있습니다. 그
중 하나가 '전달사항이 구체적'이라는 점이죠. "청취자들에게
편안한 분위기를 전달하면 좋겠습니다. 말하기 전에 한 템포
쉬어 주세요.", "사연을 연달아 소개할 때는 지금보다 더 틈을
주세요." 이런 식으로 뭘 어떻게 하면 좋을지 정확하게 말로
표현합니다.

단정하게 때로는 다정하게

반면에 "좀 더 느긋하게 방송을 진행해 주세요" 하고 막연하게 이야기하는 사람도 있습니다. 그런데 단순히 '느긋하게'라고 하면, 사람마다 그 정도를 다르게 파악할 뿐더러 '방송 진행'이라는 말도 추상적이어서 어디를 느긋하게 바꿔야 할지 난감해집니다.

A: "아니, 그게 아니죠."

B: "말씀대로 했잖아요."

A: "제 말은 그 뜻이 아니었습니다."

B: "아⋯."

이렇게 옥신각신하는 이유는 각자 머릿속에 그린 이미지가 다르기 때문입니다. 물론 서로 다른 이미지를 떠올릴 수 있습니다. 단, 내가 생각하는 이미지를 상대에게 전달할 때는 충분히 설명해야 합니다. '옥신각신하기 귀찮아', '설명하느라 일이 더디게 진행되면 어떡하지?'라는 생각에 자신의 의견을 정확히 전달하는 일을 건너뛰어서는 안 됩니다.

주고받은 의견을 확인하지 않고 일을 진행한다면, 그 틈이 점점 벌어져 업무에서든 인간관계에서든 크고 작은 사고가 일어납니다. 그래서 "디렉터님이 말하는 느긋함은 ○○한 정도를 말하는 건가요?" "저희 목표는 ○○하는 거죠?" 등으로 구체적인 말로 다시 한번 확인해야 합니다.

라디오 생방송 중, 스튜디오 부스 안에는 저뿐입니다. 유리벽 너머 조정실에 있는 디렉터와는 방송에는 나가지 않는 토크백talkback이라는 음성 회선으로 이야기를 주고받습니다. 그럴 때는 '최대한 구체적으로' 서로 표현하려고 노력합니다.

"조금만"이 아니라 "5초 정도", "서두르지 말고"가 아니라 "문장과 문장 사이를 띄어서"라고요. 이렇게 말을 구체적으로 하면 "아니, 그게 아니잖아!", "네? 아니라고요?" 하면서 생방송 중에 소통이 안 되는 스트레스를 확연히 줄일 수 있습니다.

지레짐작하지 말고 물어보자

· · ·

막연하게 업무를 전달하며 일에 대한 판단을 모조리 떠넘기는 사람을 만난다면, 상대로부터 구체적인 설명을 끌어내기 위해 내가 먼저 질문하는 수밖에 없습니다. 물론 "그 정도는 스스로 생각해서 알아내!"라는 태도로 일관하는 사람이라면, 그에게 질문하는 일조차 업무 스트레스로 느껴집니다. 하지만 여기서 물러서면 내 업무뿐만 아니라 팀 전체에 악영향을 끼칠 수 있습니다. 게다가 의사소통이 매끄럽지 않고, 불합리한 지적이 쌓여 갈수록 서로에 대한 신뢰까지 잃을 수 있습니다. 그래서 일을 진행하는 과정에 의문이 들면, 곧장 말로 확인해야 합니다.

"한마디로 이렇게 하라는 뜻이죠?", "그럼 이렇게 해 볼까요?"처럼 지시를 받은 쪽도 적극적으로 일의 방향을 제안하면서 나와 상대방 머릿속에 있는 이미지를 말로 표현하며 목표를 구현해 가야 합니다.

앞서 언급했던 '느긋한 방송 진행'을 예로 든다면, "그럼 소개할 사연과 사연 사이에 2~3초 정도 틈을 줄게요" 하고 구체적으로 제안해 볼 수 있겠죠. 그럼 디렉터가 "그래요!" 하고 대답할 수도 있지만, "아니요, 말하는 속도 자체가 빠르니까 지금보다 더 천천히 해 주세요"라고 의견을 더할 수 있을 겁니다. 이렇게 소통한다면, 팀워크는 더할 나위 없이 좋아질 테고 업무 성과도 올라가겠죠.

이와 반대로 일을 지시할 때도 마찬가지입니다. 명확하게 설명하지 않고 두루뭉술한 말로 일을 떠넘겼다가, 예상과 다른 결과가 나와서 난감했던 적 없으신가요? '이 정도는 말하지 않아도 알아듣겠지?'라고 지레짐작해서 설명하기를 게을리하면, 손해를 보는 사람은 결국 '나 자신'이라는 걸 잊지 마세요!

구체적으로 설명해야

상대도 정확히 알아들을 수 있습니다.

말을 고를 때는
쓰든 달든 균형 있게

팽팽하게 당긴 후엔 느슨하게

· · ·

대화 주제를 고를 때는 분위기가 한쪽으로 치우치지 않도록 유념해야 합니다. 예를 들어, 저는 청취자들이 제 라디오 프로그램을 듣고 '역시 이 방송 듣길 잘했네!' 하고 마음이 훈훈해지길 바라기에, 프리 토크를 할 때는 웃음을 유발하는 행복한 화제를 우선해서 다룹니다. 하지만 현실에는 기쁘고 신나는 일만 있진 않죠. 저와 여러분 모두 어떤 고민이나 불안을 안고 살아갑니다.

- "몇 년째 투병 중이에요."
- "일자리를 잃고 취업 준비 중입니다."
- "배우자와 헤어졌어요."
- "부모님 병간호하기가 너무 힘드네요."

이런 이야기를 접할 때면 '삶은 고난의 연속인가 보다' 하고 생각하게 됩니다. 그래서 저는 라디오 사연을 받을 때, "하고 싶은 이야기가 있으면, 무엇이든 제게 보내 주세요"라고 말합니다.

다만 방송할 때는 이야기의 순서에 주의합니다. 진지한 얘기를 한 다음에는 마음을 편안하게 누그러뜨리는 화제를 넣고, 슬프거나 속상한 이야기를 한 다음에는 용기를 북돋는 식으로 말이죠.

대화의 기술 중 '긴장과 완화 기법'이라는 것이 있습니다. 심각한 이야기로 분위기가 무거워졌을 때는 함께 피식 웃을 수 있는 이야기로 공기를 환기하는 거죠. 이렇게 하면 대화가 한결 편안해집니다. 이렇게 분위기를 조절하면, 상대방에게 깊은 인상을 남길 수 있습니다. 이건 가족이나 친구뿐만 아니라 회사 동료와 대화할 때도 적용할 수 있습니다.

직장을 배경으로 예를 들어 보겠습니다. 라디오 DJ 신입 시절 저는 직장 선배에게 이렇게 혼난 적이 있습니다. "네 말을 듣고 있으면 답답해 죽겠어! 신곡 소개든 콘서트 후기든 결론을 질질 끌잖아. 맨 처음 시작할 때 어떻게 느꼈는지부터 말해야지. 듣는 사람은 얼마나 속 터지는 줄 알아?"

'네, 선배님…. 지당하신 말씀입니다…' 하고, 전 몸을 잔뜩 웅크린 채 꾸중을 들었습니다. 그 선배는 방송국에서 일잘러로 통하는 분이었습니다. 저는 얌전한 표정으로 들었지만 온몸은 딱딱하게 굳어 있었죠. 하지만 선배의 마지막 말 한마디에 저는 용기를 가질 수 있었습니다. "그런데 나도 처음부터 그렇게 하진 못했어. 열심히 노력하다 보면 너도 나아질 거야!"

아픈 곳을 계속 찌르기만 했던 엄격한 충고 뒤에 따스하게 감싸는 한마디. 그간의 긴장이 단숨에 누그러지며 '이렇게 못난 후배를 따뜻하게 배려해 주시다니…' 하고 눈물을 쏟을 뻔했습니다.

어느새 저도 연차가 쌓여 후배를 지도하게 되었습니다. 혼내는 사람도 혼나는 사람만큼 힘들긴 마찬가지더라고요. 그러니 충고나 조언을 할 때는 할 말만 하고 대화를 끝내지 말고, 마지막에는 팽팽한 긴장감을 완화해 줄 한마디를 덧붙이는 게 좋습니다.

- "나도 신입 땐 그랬어. 그러니깐 용기를 내서 열심히 해 봐!"
- "혼자 끙끙 앓지 말고 편하게 털어놔."
- "일이 잘 안 풀릴 때는 나랑 의논해. 저녁에 한잔하면서 같이 해결책을 찾아보자."
- "누구나 하는 고민이야. 우울해할 것 없어. 힘내!"

냉정하게 주의를 준 다음에 갑자기 부드럽게 자세를 취하려면 좀 민망하기도 하죠. 하지만 따뜻한 말 한마디에 상대방은 마음을 열고, 진심으로 당신의 조언에 귀 기울일 겁니다.

그 누구와 이야기를 나누든 상대방을 향한 배려와 경의는 기본으로 갖춰야 합니다. 혹시 후배나 동료에게 엄격하게 조언했다면 마지막엔 꼭 긴장된 분위기를 풀어주세요. 함께 다음 스텝으로 나아갈 수 있도록 말이죠.

단정하게 때로는 다정하게

혹시 주변 사람들에게

입바른 소리만 하고 있진 않으세요?

인기 만점인
그 사람의 말투

말의 어미를 동그랗게

· · ·

저는 영화배우 단 미츠畫蜜 씨의 화법을 좋아합니다. 유일 무이한 존재감을 뽐내는 분인데, 그런 분위기를 자아내는 매력 중 하나가 말투입니다. 그녀는 담담하고 차분한 목소리에 적당한 템포 그리고 풍부한 어휘력으로 상황에 딱 맞는 단어를 고르는 센스 덕분에 대화상대를 강하게 끌어당기는 매력을 가지고 있습니다. TV나 라디오에서 단 미츠 씨의 목소리

단정하게 때로는 다정하게

가 들리면, 저도 모르게 하던 일을 멈추고 가만히 그녀의 얘기를 듣게 됩니다.

한번은 단 미츠 씨의 라디오 방송을 들으며 이따금씩 내뱉는 반말에 큰 힘이 있다는 사실을 깨달았습니다. 같이 진행하는 후배 아나운서에게 "응, 맞아", "바로 그거지!" 하며 종종 반말로 호응하더군요(물론 무례한 말투는 아니었어요!) 듣는 사람의 입장에서 단 미츠 씨의 꾸밈없는 모습을 본 듯해서 좋았습니다.

이건 일상 대화에서도 응용할 수 있습니다. 평소 존대하던 사람에게 '이제 서로 어떤 마음인지 알았으니 좀 더 친숙하게 말을 건네볼까?'라는 생각이 들었을 때, 일부러 편한 말투를 써보는 거죠.

"너무 좋아요" 대신 "너무 좋아!", "맞아요" 대신 "맞아, 그거야!" 하는 식으로요. 예의에 어긋나지 않는 선에서 가볍게 시도한 다음, 상대방의 반응을 살펴보세요. 싱긋 웃는다면 조금은 가까워졌다는 뜻입니다. 저도 어느 날 문득 상대방이 하는 말의 어미가 둥글둥글해지면 '의외의 면이 있구나!' 하고 기분이 좋아져서 마음을 열고 싶어집니다.

우리는 성격이 둥글둥글하고 친밀하게 말하는 사람을 보면 "붙임성 있다"라고 표현하기도 합니다. 그런데 상대방과 적절하게 거리를 유지하지 않으면, 친한 척한다는 오해를 받을 수도 있습니다. 흔히 나누는 인사를 예로 들어 볼까요?

"요즘 어떠세요?"

이렇게 두루뭉술한 질문을 받으면 '응? 뭐가 어떠냐는 거지? 어떻게 말해야 할지 모르겠어' 하고 망설이다가, 결국 "그럭저럭 지냅니다"라고 무난하게 대답하는 수밖에 없습니다. 반면 붙임성 있는 사람들은 상대방이 좋아하는 것, 흥미를 느끼는 것을 소재 삼아 안부를 묻습니다. 가령 영화를 좋아하는 사람에게는 "최근에 어떤 영화 보셨어요?", 스포츠를 좋아하는 사람에게는 "드디어 시즌 시작이네요. 기대되시죠?" 하는 식으로요. 이렇게 상대방이 좋아하는 주제를 바탕으로 대답하기 쉬운 질문을 던지는 거죠.

단정하게 때로는 다정하게

거기다 상대방이 신나서 대답했을 때 "역시!"라는 감탄사를 산뜻하게 덧붙이면 호감을 얻기도 쉽습니다. '아부하는 것처럼 보이지 않을까? 낯간지러워 말을 못 하겠어'라고 생각할 수도 있어요. 그런데 '이런 말을 하면 저 사람이 날 어떻게 보겠어?' 하고 괜시리 걱정하느니, 그 신경을 '상대방의 관심사에' 쏟아 보세요. 그 사람의 입꼬리가 살짝 올라갈 거예요.

누구나 말하고 싶지 않을 때가 있다

· ·

우리는 수다를 떨고 싶을 때도 있지만 별로 말하고 싶지 않을 때도 있습니다. 생각해 보세요. 상대에게 말을 걸었는데, 반응이 영 시원찮았던 적 없었나요? 짐작건대 '지금은 별로 이야기하고 싶지 않아'라는 뜻을 당신에게 보인 것이라고 할 수 있습니다. 이때는 상대방의 상황을 존중하면서 밀어붙이지 말아야 합니다.

대화란 한쪽이 일방적으로 떠드는 것이 아니라 얘기를 주고받아야 비로소 성립되는 것입니다. 때와 장소를 불문하고 일방적으로 말을 걸거나 대답하기를 강요하면, 무례한 사람으로 보이기 십상입니다. 말을 걸었는데 상대의 반응이 신통치 않다면 '지금은 이야기할 기분이 아닌가 보다' 하고 물러날 줄도 알아야 합니다. 그게 어른스러운 소통 방식이에요.

연애가 잘 안 풀려 고민일 때 주변 사람들이 "너무 밀어붙이지 말고 한발 물러나 봐"라고 조언하잖아요. 대화도 마찬가지입니다. 상대에게 너무 끈질기게 굴거나 말을 걸려고 애쓰지 마세요. 그래야 서로 마음 상하는 일 없이 다음 기회에 편하게 대화할 수 있습니다.

단정하게 때로는 다정하게

말을 꺼내기 전,

상대의 상황을 배려해 주세요.

3장

마음을 터놓게 만드는 다정한 말투

함께 있을 때
편한 사람 vs. 피곤한 사람

라디오는 왜 '듣기만' 해도 편안할까?

· · ·

종종 하고 싶은 말이 많거나 감정이 벅차오를 때, 나도 모르게 입 밖으로 말이 넘쳐흐르기도 합니다. 그래서 상대방이 말하고 있는데도 무의식중에 "나도 저번에!" 하며 잽싸게 말을 가로챘던 경험, 모두 한 번씩은 있을 거예요.

그럼 입장을 바꿔서 생각해 볼까요? 말이 끊긴 사람은 불쾌해서 이야기할 마음이 멀리 달아날 겁니다. 이유야 어찌 됐든 계속 말을 가로챈다면 '듣고 말한다'라는 대화의 균형이 무너집니다.

반면 라디오는 '듣고만' 있어도 지치지 않습니다. 저도 청취자로서 애청하는 라디오 프로그램이 있는데, DJ가 방송 내내 혼자 말해도 피곤하기는커녕 오히려 재미있습니다. 일상 대화에서는 일방적으로 듣기만 하면 피로하고 짜증이 나는데, 라디오는 왜 그렇지 않을까요?

우리가 라디오를 장시간 기분 좋게 들을 수 있는 이유는 DJ가 청취자를 철저히 환대하기 때문입니다. 조금이라도 청자가 '듣기 편하도록' 애쓰며 말하는 거죠. 바꿔 말해 '흘러들을 수 있는' 여백을 일부러 만듭니다.

여백의 장인

· · ·

상대가 흘려들을 것을 전제로 이야기한다니, 이상하다고 생각할 수 있습니다. 그런데 한번 입장을 바꿔 생각해 보세요. 늘 신경을 곤두세우고 집중해서 이야기를 들어야 하는 사람과 대화를 계속하고 싶은지 말이에요.

상대방이 내 이야기를 편하게 듣고, 말을 이어가게 하려면 '대화의 여백'에 신경 써야 합니다. 맞장구를 치거나 질문을 하고, 말을 덧붙일 수 있도록 몇 초간의 '숨 돌리기 시간'을 만드는 거죠.

한마디를 하고 나서 상대방의 눈을 힐끗, 그러면서도 정확하게 살펴보세요. '이번엔 당신이 말할 차례에요'라는 작은 제스처가 될 테니까요. 그러면 상대방은 "정말?", "역시" 하고 짧은 말이라도 보태려고 할 겁니다. 그럴 때 "당신은요?" 하고 질문을 던져 보세요. 마치 들고 있던 마이크를 "자, 여기요" 하고 넘기듯 말이에요.

'여백이라… 내가 할 수 있을까? 어려울 것 같은데' 하고 걱정하는 사람도 많을 겁니다. 우선 평소보다 꼼꼼하게 상대방의 표정을 살펴보는 일부터 시작해 봅시다. 그러고 나서 대화에 틈을 만들어 보면 어떨까요?

이를테면 내 이야기를 끝낸 다음에 상대를 보며 살짝 고개를 끄덕이거나 지그시 미소를 띠어 보세요. 몇 초간의 침묵을 두려워하지 말고, 상대가 먼저 말을 꺼내기를 기다려 보는 식으로요. 그렇게 대화에 여백을 만든 다음에 "○○ 씨도 그런 경험 있으시죠?", "○○ 씨라면 어떻게 하시겠어요?" 하고 말을 돌려 보세요. 명확하게 바통을 이어받은 상대가 '이제 내가 말할 차례구나!' 하고 이야기를 시작할 테니까요. 게다가 대화에 여백이 생기면 마음의 여유도 생깁니다. 그래서 돌발 상황이 생기거나 껄끄러운 사람과 대화하게 되더라도 잘 대응할 수 있습니다.

이 말 저 말 하면서 대화 전체를 본인의 이야기로만 채우고 있지는 않은지 점검해 보세요. 상대방을 위해 대화의 여백을 남기고 있나요? '당신의 이야기도 들려주세요'라는 신호를 명확하게 보내고 있나요?

단정하게 때로는 다정하게

대화할 때,

상대에게도 나에게도

여유를 주세요.

호의는
맨 먼저 전달하자

첫인사가 첫인상을 만든다

· · ·

여러분은 처음 만난 사람에게 어떻게 인사를 건네나요? "처음 뵙겠습니다", "안녕하세요. ○○○라고 합니다" 등 여러 인사말이 있을 겁니다. 저는 "만나서 반갑습니다!"라고 인사합니다. 만나자마자 "반가워요!"라고 하기엔 너무 스스럼없지 않나, 라고 생각할 수 있지만 용기를 내서 솔직하게 마음을 전달합니다.

단정하게 때로는 다정하게

이런 인사를 받는다면 상대는 쑥스럽긴 해도 기분은 좋을 거예요. 그리고 처음 만나는 자리인 만큼 긴장했던 마음도 조금은 편안해질 거고요.

저는 직업 특성상 처음 만나는 사람을 인터뷰하는 일이 많은 편입니다. 친분이 없는 사이인데도 사적인 영역까지 질문해야 할 때면 참으로 난감하죠. 이때 인터뷰이가 '처음 만났는데 그런 것까지 묻는다고?' 하면서 인터뷰어를 경계하게 되면, 진솔한 이야기를 이끌어 내기 어렵습니다. 결국 인터뷰는 형식적인 질의응답 수준으로 진행되죠.

저는 이런 일을 몇 차례 겪으면서 처음 만나는 사람과 스스럼없이 이야기를 나누려면 어떻게 해야 할지 고민하게 됐습니다. 그런데 곰곰이 생각해 보니, 첫인사를 어떻게 했는지에 따라 친밀도가 달라지는 것 같았습니다. '호의를 담은 첫인사'가 어색하고 딱딱한 만남에 윤활제 역할을 하는 거죠.

예전에 모교의 한 동아리에서 저를 취재하러 온 적이 있습니다. 인터뷰를 맡은 학생이 본격적으로 질문하기에 앞서 제게 건넨 첫마디를 아직도 잊을 수 없습니다.

"제가 사립 중학교 입시를 준비하느라 학교 수업이 끝나면 곧장 학원으로 이동해야 했는데요. 그때 엄마가 운전해서 저를 학원까지 바래다 주셨습니다. 그때 차 안에서 항상 선배님이 진행하는 라디오를 들었는데요. 꾸밈없이 솔직하게 프로그램을 진행하셔서 '저 DJ는 대체 어떤 사람일까?' 하며 늘 궁금했답니다. 덕분에 우울한 입시 스트레스를 모두 날려 버릴 수 있었고요!"

이 말을 듣고 얼마나 기뻤는지! 빈말이 아닌 구체적인 에피소드와 함께 '저는 당신에게 호의와 관심이 있어요!'라고 말해 주니, 저도 그 마음에 보답하고 싶더라고요. 기대를 저버리고 싶지 않아서 평소보다 더 공들여 질문에 답했습니다.

물론 첫 만남에서 "만나서 반갑습니다"라고만 인사해도 충분합니다만, 이 학생 기자처럼 실제 에피소드와 함께 마음을 건넨다면 대화에 탄력도 붙고 분위기도 편안해지지 않을까요? 좀 더 예를 들어 보죠!

"○○ 씨는 여행이 취미라고 들었습니다. 낯선 곳에서 좋은 영감을 받기 때문이라면서요? 멋진 관점이라고 생각합니다. 혹시 뵙게 되면 여행 다닌 곳 중에 어디가 가장 인상 깊었는지 여쭤보고 싶었습니다!"

이야기를 시작하기에 앞서 먼저 호의가 담긴 인사를 건네면, '상대'와 '나'의 거리를 단숨에 좁힐 수 있습니다. 그러니 처음 만난 사람은 물론이고, 오랜만에 만난 사람에게도 만나자마자 바로 마음을 전하세요.

혹시라도 상대방이 거부감을 느낄까 봐 걱정할 필요는 없습니다. 쑥스러워서든 부끄러워서든 호의를 표현하는 데 주저한다면 사람들의 호감을 얻기 어려울 수 있습니다.

할 말은 미리 준비하자

• • •

평소 말수가 적은 데다 숫기까지 없는 사람이라면 처음 보는 사람을 만났을 때 어떻게 말을 꺼내야 할지 몰라 당황스러울 겁니다. 만약 미리 약속을 잡고 만나는 거라면, 만나서 어떤 이야기를 나누면 좋을지 한번 생각해 봐도 좋을 것 같아요.

특히 업무상 미팅 자리에서는 긴장한 나머지 머릿속이 뒤죽박죽돼서 쓸데없는 말만 늘어놓을 수 있습니다. '닥치면 어떻게든 되겠지!' 하고 대수롭지 않게 여겼다가 거래처 사람들에게 신임을 잃으면 나만 손해입니다.

만약 여러분이 중요한 미팅이나 회의를 앞두고 있다면, 어떤 내용을 어떻게 이야기할 것인지 머릿속으로 시뮬레이션한 후에 참석하기를 바랍니다. 필요하다면 말할 내용을 수첩이나 스마트폰에 간단히 메모해 들어가도 좋고요. 사소해 보이지만 이런 준비만으로 긴장이나 압박을 많이 줄일 수 있습니다. 그럼 더 유창하게 이야기할 수 있겠죠!

인사할 때 만나서 반갑다고

충분히 표현하고 있나요?

핵심을 찌르고
굴러나오는 공을 주워라

간디와 에비스 요시카즈 씨

. . .

만화가이자 배우인 에비스 요시카즈蛭子能收 씨를 인터뷰할 때 다음과 같은 질문을 한 적이 있습니다. "당신의 '인생 모토'는 무엇인가요?" 그는 온화하면서도 거침없는 말투로 이렇게 말하더군요. "죽지 않는 것입니다."

"철학적이네요. 좀 더 자세히 이야기해 주실 수 있을까요?" 하고 물었더니 이렇게 답하더군요. "흔히 싸움에서 지면

단정하게 때로는 다정하게

죽잖아요. 그렇게 되면 '나'라는 존재가 사라지죠. 그래서 저는 최대한 싸우지 않으려고 합니다. 제가 사과해서 끝날 일이면 바로 사과하죠."

그 말을 듣고 (애처가로 소문 난) 에비스 씨에게 한 발 더 다가가 "가족들에게도 그러시나요?" 하고 물었습니다. 그랬더니 그는 싱글벙글 웃으며 "아내에게 자주 혼나는 편인데, 저는 말대꾸하지 않아요. '미안, 미안' 하면서 사과합니다. '내가 사과해서 끝날 일이면 사과하자'는 주의예요"라고 답하더라고요.

저는 '부부가 원만하게 지내는 비결에는 이런 것도 있구나' 하고 감탄한 나머지, "에비스 씨는 정말 간디 같은 분이시네요"라고 맞장구쳤죠. 그랬더니 바로 에비스 씨가 집게손가락을 세우며 "맞아요! 저, 간디 진짜 좋아하거든요!" 하면서 환한 미소를 지었습니다. 그러고는 "싸우지 않는다는 그의 모토를 저는 정말 좋아합니다!" 하고 들뜬 목소리로 이야기를 이어가더군요. 울림 있는 말이란 생각에 저와 방청객들이 고개를 끄덕이자, 에비스 씨는 만화가 기질을 발휘하여 "그게 바로 장수長壽의 비결입니다!" 하고 깔끔하게 대화를 마무리 지어 주었죠. 덕분에 인터뷰는 성황리에 끝났습니다.

이처럼 대화하다 보면 상대의 개성이 돋보이는 순간이 있습니다. 그럴 때는 그 순간을 놓치지 말고, 잽싸게 관련 질문을 던져서 더 깊이 있는 이야기가 오갈 수 있도록 분위기를 만들면 좋습니다.

대화상대의 입장이 되어 보세요. 작은 일에 "그거 정말 재밌네요, 더 얘기해 주세요!"라고 기대 이상으로 흥미를 보이면 말하는 사람도 신나지 않을까요? '나한테 귀 기울이고 있구나' 하고 고마워하기도 할 테고요. 그러다 보면, 생각지 못한 재미있는 일화나 비밀도 나누게 될 겁니다.

질문하는 일을 두려워하지 마세요

· · ·

상대방의 이야기를 잘 이해하려면, 당연히 집중해서 들어야겠죠. 그런데 아무리 귀를 쫑긋 세워도 이해하기 어려운 내용들이 있습니다. 공감하기 어렵거나 전문 용어가 많아서 그럴 수도 있어요. 그래서 화자가 좀 더 자세히 설명해 주면 좋겠는데, '나만 이렇게 생각하면 어쩌지?' 하는 마음에 질문하기를 주저하게 되죠.

그런데 너무 망설이지 마세요. 여러분이 관심을 가지고 질문한다면, 상대방은 기꺼이 마음의 문을 열 테니까요. (실례되지 않는 범위 내에서) 용기를 내 질문해 보세요. '저 말은 무슨 뜻일까?' 하는 의문이 생기면 "그 이야기를 좀 더 듣고 싶습니다. 괜찮으시다면 자세히 설명해 주시겠어요?" 하고 정중히 물어보세요. 그 질문을 모른 체하는 사람은 없을 거예요.

관심을 가지고 질문한다면

상대방 마음속에는

'자, 알려드릴게요'라는 스위치가 켜집니다.

껄끄러운 이야기도
기분 좋게

질문과 선택지를 함께 던져라

• • •

특히 일을 하다 보면 상대방이 답하기 어려운 질문을 해야 할 때도 있습니다. 저 같은 경우는 사람들을 인터뷰할 때 청취자들의 기대에 부응하기 위해 다소 민감한 질문을 해야 하는 순간이 더러 있습니다. 이때 제가 할 수 있는 최선의 노력은 왜 그 질문을 해야 하는지 상대를 충분히 납득시키는 것이죠.

대부분 사람은 철학적인 질문을 받았을 때 어떻게 대답해야 할지 애를 먹습니다. 예를 들어, "○○ 씨에게 가족이란 어떤 의미인가요?", "○○ 씨에게 음악이란 어떤 의미죠?"처럼요. 이런 질문에 곧장 대답하는 사람은 드뭅니다. "음… 잠깐만요" 하고 그 사람 나름대로 딱 맞아떨어지는 한마디를 찾기 위해 머리를 짜내다 결국 말문이 막히죠.

이때는 앞에서 다뤘듯이 지그시 미소를 지으며 상대가 입을 열 때까지 느긋하게 기다려야 합니다. 다만 상대방이 도저히 갈피를 못 잡는다면, 먼저 선택지나 구체적인 예를 제시해도 좋아요. 예를 들면 이렇게요.

"○○ 씨에게 음악이란 어떤 의미죠? 자기 자신을 위로하는 것? 연인처럼 나를 설레게 하는 것?"

그러면 선택지들이 실마리가 돼서 "아, 그게 아니라…" 혹은 "굳이 말하자면 항상 제 곁을 지켜 주는 친구 같은 존재죠. 힘들고 외로운 순간에도 음악만은 늘 제 곁에 있었으니까요"

하고 말문을 띄웁니다. 그러면서 자연스럽게 자기 생각을 이야기하기 시작하죠.

자리의 온도를 파악하자

. . .

다음으로 사람들이 답하기 어려워하는 질문은 개인적인 이야기입니다. 예를 들어, 가족이나 힘들고 어려웠던 과거에 관한 것이죠. 불미스러운 사건도 마찬가지고요. 저는 이런 질문을 꼭 해야 하는 상황이라면 상대방이 대답하기 덜 힘들 타이밍을 고르려고 애씁니다.

'오늘은 이걸 물어 봐야 하는구나. 괴롭다⋯'라고 생각하면 그 긴장감에서 벗어나고 싶은 나머지, 매도 먼저 맞는 게 낫다는 유혹에 사로잡힐 때가 있습니다. 그 결과, 초반부터 대화 분위기가 어색해져 마칠 때까지 바늘방석에 앉아 있는 듯 안절부절못하게 되죠.

반면에 그런 질문을 맨 나중으로 미루는 사람도 있습니다.

그러면 막바지에 시간이 부족해서 결국 질문하지 못하거나 충분한 답을 듣지 못해 오히려 의혹만 더 키울 수도 있습니다.

입장을 바꿔 생각해 봅시다. 완충장치도 없이 갑작스레 난감한 질문을 받으면 당황스럽잖아요. 상대가 대답하기에 껄끄러울 만한 질문은 대화 분위기가 무르익고 서로의 거리가 좁혀졌다는 느낌이 들 때까지 함부로 꺼내지 마세요. 구체적으로 말하자면 긴장이 풀려서 가볍게 웃음이 일고 난 후거나 웃음이 그치고 문득 말이 끊겼을 때처럼 분위기가 풀어진 순간을 포착해 질문을 던져야 합니다. 그런 순간을 잘 활용하면 상대도 나도 이야기하는 게 훨씬 수월해지기 때문입니다.

그리고 무엇보다 가장 중요한 것은 이거예요. 상대가 답하기 어려운 질문을 할 때는 상대를 압박하지 말아야 합니다. 묻고 싶은 건 어디까지나 '내 사정'이에요. 대답할지 말지는 상대방이 결정하도록 기회를 주세요. 즉, "그 문제는 좀…" 하고 상대방이 편하게 의사표시를 할 수 있는 상황을 만들어줘야 합니다.

- "답하시기에 껄끄러운 질문일 수 있으니 꼭 대답 안 하셔도 됩니다."
- "이런 질문이 실례인 줄 알지만, 이번 기회에 꼭 여쭤보고 싶어서…"
- "이런 질문 드려도 될지 고민했는데 워낙 성품이 너그러우시니까… 용기를 내서 여쭤 봐도 될까요?"

이런 식으로 '당신의 마음이 다치지 않는 게 가장 중요합니다'라는 생각을 충분히 전달해야 합니다. 상대방을 긴장시키지 마세요. 충분히 경의를 표한다면 어떤 반응이 돌아오든 그 사람의 현재 마음이 깃든 대답일 겁니다.

저는 상대방이 제 질문에 진지하게 답해 주면, 정중하게 고맙다고 말합니다. 물론 기대했던 답을 듣지 못했더라도 말이죠. "대답하기 어려우신 줄 알면서도 여쭤본 거라…. 혹시 불쾌하셨다면 정말 죄송합니다" 하고 너무 요란스럽지 않게 표현하면 상대도 불편했던 감정을 떨어 냅니다.

상대가 솔직하고 편안하게 모든 이야기를 해준다면, 당신은 질문의 고수입니다. 그는 당신에게서 신뢰와 배려를 느낀 셈이죠. 아마도 상대는 '다음에 또 만나서 이야기 나누고 싶다'라고 생각할 정도로 당신에게 호감을 느낀 거예요.

단정하게 때로는 다정하게

상대에 대한 배려는

모든 소통의 기본입니다.

너는
봄날의 햇살 같아

공감의 달인이 되는 법

• • •

저는 고민이 생기면 꼭 찾는 사람이 있습니다. 바로, 라디
오 진행자이자 칼럼니스트 제인 수Jane Su 씨입니다. 그녀가
진행하는 라디오 프로그램 〈제인 수의 생활은 춤춘다〉(TBS
라디오)의 고민 상담 코너는 청취자들에게 어마어마한 지지
를 받고 있습니다. 얼굴도 모르는 누군가의 고민에 제인 수
씨가 조언할 때면 내 일인 양 그녀의 말을 받아적게 됩니다.

참 신기한 일이죠. 제가 느끼기에 수 씨는 그야말로 '고민 상담의 달인'이랍니다.

그녀의 고민 상담 코너가 이렇게 특별한 이유는 청취자와 '같은 눈높이'에서 사연을 읽고, 해결책을 찾는다는 점 덕분입니다. 그녀는 나이가 좀 더 많다고, 비슷한 일을 겪어봤다고 목에 힘을 주며 "지금부터 내가 하는 말 잘 들어"라는 식으로 조언하지 않죠.

혹시 여러분 주변에 고민 상담을 잘해 주는 친구나 동료가 있나요? 있다면 그 사람을 한번 관찰해 보세요. 제인 수 씨와 공통점이 있을 거예요. 바로, 충분히 공감하는 소통의 기술이죠.

물론 100% 이해하고, 공감하지 못하더라도 "네가 그런 감정을 느끼는 건 당연하고 자연스러운 일"이라고 고개를 끄덕여주기만 해도 상대는 큰 위로를 받을 거예요. 타인의 고민에 공감하기 위해서 꼭 그 사람의 말이나 생각에 모두 동의해야 하는 건 아니니까요. 살다 보면 그런 일도 있다고, 이해한다고 토닥여 주면 됩니다.

상담의 달인이 되는 법

· · ·

제인 수 씨 같은 고민 상담의 달인에게는 한 가지 특이점이 있습니다.

상대의 이야기를 중간에 끊지 않고, 애정을 가지고 끝까지 경청한다.

고민 상담에 능한 사람은 이야기를 '끝까지' 경청합니다. 중간에 말을 자르거나 지레짐작하며 상대의 행동이나 생각에 훈수를 두지 않죠.

누군가의 말을 끝까지 잘 듣는 일은 생각보다 어렵습니다. 나도 모르게 상대의 말을 끊을 때도 있고, 맥락상 전후 관계가 파악되면 "나도 비슷한 경험을 한 적 있는데…" 하면서 무심코 말을 낚아채기도 하죠. 심지어 그때까지 들은 이야기를 토대로 의욕만 앞서서 엉뚱한 조언을 하기도 합니다. 진짜 고민은 아직 말하지도 않았는데 말이죠.

단정하게 때로는 다정하게

누군가 당신에게 고민이나 속마음을 털어놓는다면, 제인수 씨가 청취자의 고민을 들어 준 것처럼 상대의 이야기에 귀기울여 주세요. 그것만으로도 큰 위로가 될 거예요.

입바른 소리는 금물

· · ·

부끄럽지만, 제 일화를 하나 소개합니다.

새 학기가 시작될 즈음이면, 라디오 프로그램으로 "새로운 환경에서 친구들을 잘 사귈 수 있을지 걱정이에요"라는 사연이 많이 들어옵니다. 제가 막 DJ를 시작했을 무렵에는 '좋아, 무슨 고민이든 나한테 맡겨!' 하고 자신만만해했죠. "아무 걱정하지 마세요. 친해지고 싶은 친구에게 이런 식으로 말을 걸어 보면 어떨까요?" 하고 뻔한 조언을 했죠. 그러고는 스스로 '오늘도 한 건 해결했군!' 하며 뿌듯해했습니다. 그런데 어느 날 프로듀서가 제게 이렇게 지적하더군요.

"후미카 씨. 청취자에게 곧장 해결책을 주는 것도 좋지만, 먼저 고민에 공감해 보면 어때요?"

전 이 말을 듣고 정말 부끄러웠습니다. 돌이켜 보면, 의욕만 앞세워 "저라면 이렇게 할 것 같아요", "○○하는 걸 추천합니다!" 식으로 조언하는 데 급급했습니다. 청취자는 고민에 빠져 심신이 지친 상태로, 뼈 때리는 조언보다는 위로와 위안의 말을 듣고 싶었을 텐데 말이죠.

제 경우를 반면교사 삼아 괜한 오지랖과 입바른 소리는 상대에게 도움이 되기는커녕 오히려 마음의 문을 닫게 만들 수 있다는 점을 기억하세요.

여러분이 친구나 동료에게 오랜 고민을 털어놓는다고 가정해 보세요. 이런저런 생각으로 머릿속이 뒤죽박죽되어 지금 상황에서 벗어나고 싶을 때, 누가 내 이야기를 들어 준다면 마음이 한결 가벼워지고, 머릿속도 정리되어 고민을 해결할 방향이 보일 겁니다.

반대로 친구나 동료가 당신에게 고민을 털어놓는다면 어

단정하게 때로는 다정하게

떻게 할 건가요? 곧장 건네고 싶은 조언이 떠오르더라도 우선 상대의 이야기를 끝까지 듣고 공감하려고 노력해 보세요. 그것만으로도 상대방은 마음이 편안해질 테니까요.

누군가 당신에게 고민을 털어놓으면

끝까지, 잘 들어 주세요.

그것만으로 상대는 큰 힘이 될 거예요.

바로 효과가 나타나는
격려

반대로 말해요

· · ·

저는 신입 라디오 DJ 시절, 생방송 전에 늘 이렇게 마음속으로 되뇌었습니다.

'더듬지 말자. 더듬지 말자. 더듬지 말자.' 그런데 이렇게 되뇌어도 대부분 더듬고 말았죠. 제가 머릿속에 '더듬다'란 말을 심어버린 탓이었습니다. 그래서 이렇게 바꿔 봤습니다.

'편하게 하자. 편하게 하자. 편하게 하자.' 그렇게 주문을 걸고 나니, 언제부터인가 더듬지 않고 편하게 방송할 수 있었습니다.

혹시 두 상황의 차이를 발견하셨나요? 부정어와 긍정어의 차이요. 신입 때 제 목표는 더듬지 않고, 차분하고 편안하게 방송을 진행하는 것이었습니다. 그런데 처음부터 '더듬다'란 말을 제 의식에 집어넣었으니, 방송하는 내내 '더듬으면 어쩌지?' 하는 불안에 휩싸였던 거죠. 반대로 '편하다'란 말을 제 의식에 주입하니 괜한 긴장감도 줄고, 말도 술술 나왔습니다. 의식이 몸을 지배한 것처럼요.

이후로 저는 무언가를 다짐할 때면 무조건 긍정어를 사용합니다.

- "긴장하지 말자"가 아니라, "천천히, 차분히 하자"
- "당황해서 괜히 실수하지 말자"가 아니라, "평소처럼 차분하게 하면 돼"
- "지각하지 말자"가 아니라, "10분 여유 있게 움직이자"
- "과식하지 말자"가 아니라 "꼭꼭 씹으면서 맛보자"

'이게 다야?'라고 생각될 정도로 단순한 방법이지만, "○○ 하지 말자"가 아니라 "○○하자"로 바꿔 말하면 놀라울 만큼 좋은 효과가 나타납니다. '○○하면 안 돼!'라고 자기 자신에게 금지령을 내리면 스트레스가 쌓이고 실수를 연발하게 됩니다. 대신 '목표 상태'를 말로 표현하면 이리저리 헤매지 않고 곧장 그 목표로 향할 수 있습니다.

'○○하지 말자'가 아닌
'○○하자'라고 주문을 외워보세요.

칭찬과 아부의
경계선

최근 누군가를 칭찬한 적 있나요?

· · ·

주위를 둘러보면, 사람들은 칭찬에 인색한 것 같습니다. 물론 칭찬하지 않는 데는 여러 이유가 있겠죠. '애도 아니고 굳이 칭찬을…'이라는 생각에 그럴 수도 있고, 쑥스럽거나 칭찬할 타이밍을 놓쳐서 못 한 때도 있을 거예요. 그리고 '굳이 말하지 않아도 알겠지' 하며 넘어갈 때도 있고요. 아, 이런 경우도 있겠네요. 누군가를 칭찬하면 아부한다고 사람들이 오해할까 봐 못 하는 경우 말이에요.

우리는 칭찬을 너무 거창하게 여기는 듯합니다. 그러다 보니 칭찬하고 싶어도 그럴싸하게 말해야 한다는 압박을 느끼는 듯하고요. 그런데 칭찬에는 좋고 나쁨이 없어요. 물론 거창할 필요도 없고요. "○○ 씨는 참 배려심이 있네요!", "○○ 씨, 기획안 너무 좋은데요!" 하고 간단히 말하면 충분합니다. 그게 솔직한 마음이고, 정말 그렇게 생각해서 한 말이니깐 빈말이나 아부가 아니잖아요. 그러니 그런 마음을 받고 불쾌할 사람도 없겠죠?

물론 칭찬받는 일에 익숙하지 않아서 "아, 아닙니다…" 하고 멋쩍은 반응을 보이거나 "그렇게 말씀하셔도 전 아무것도 드릴 게 없어요" 하고 경계 태세를 취하는 사람도 있습니다. 그럴 때는 민망해하지 말고, 생긋 웃으며 "부담 느끼지 마세요!" 하고 상대의 반응을 이해해 주세요.

'큰맘 먹고 칭찬했는데…' 하고 앞서 했던 말을 거둬들이면, 오히려 아부처럼 보일 수 있습니다. 당신의 칭찬에 상대가 쑥스러워하거나 퉁명스럽게 행동하는 건 진심이 전해졌

단정하게 때로는 다정하게

다는 증거이니 무안해하지 않아도 됩니다!

상황에 걸맞은 칭찬법

· · ·

만약 상대방이 '아니, 정말 왜 나를 칭찬하는지 모르겠네…'라는 뜻을 내비치면, 조금 더 자세히 말을 덧붙여 보세요. 상대가 아직 깨닫지 못한 부분에 구체적으로 설명을 덧붙이는 거죠. 예를 들면 이런 식으로요.

A: 저는 이렇다 할 취미는 없지만… 쉬는 날엔 입소문 난 대중목욕탕을 찾아다닙니다.

B: 와, 멋지네요!

A: 네? 그냥 취미일 뿐인데요…?

B: 아니에요. 대중목욕탕은 해외 가이드 북에 실릴 정도로 흔치 않은 문화잖아요. 젊은 사람들이 많이 찾으면서, 최신식으로 리모델링하는 곳도 많이 늘었다고 들었어요.

이렇게 설명을 덧붙이면, 어느새 상대방도 '그런가?' 하고, 칭찬을 순수하게 받아들이지 않을까요? 그럼 마음이 놓여 더 깊은 이야기를 해 주기도 합니다. 다만 상대의 미적지근한 태도에 당황해서 허겁지겁 말을 덧붙이면, 내가 한 칭찬이 작위적으로 보일 수 있으니 그땐 당황하지 말고 평소처럼 차분하게 이야기하세요.

저는 제 마음을 솔직하게 전달하기 쑥스러울 땐 '의문형' 칭찬 화법을 활용합니다. 이렇게요!

- "평소에 세련됐다는 말 자주 듣지 않으세요?"
- "평소에 실수 잘 안 하시죠?"
- "일잘러라는 말 자주 들으시죠?"

이렇게 의문형으로 말하면, 신기하게 칭찬하는 사람도 칭찬을 받는 사람도 편안합니다.

A: "평소에 패션 감각이 뛰어나단 말 듣지 않으세요?"

B: "아뇨, 젊을 때 입던 옷을 못 버린 것뿐인데…."

A: "어쩐지! 어디서 이렇게 세련된 옷을 사셨나 했어요!"

이렇게 상대방이 말한 새로운 정보를 소재 삼아 다음 이야기를 이어 나갈 수도 있습니다.

칭찬과 아부의 차이

• • •

사람의 마음을 얻는 가장 좋은 방법은 칭찬하는 것입니다. 진심 어린 칭찬 한마디로 계약이 성사되기도 하고, 얼어붙었던 인간관계가 사르륵 녹기도 하죠. 이런 말을 들으면 당장이라도 칭찬하고 싶다는 생각이 들 거예요. 그러나 주의할 점이 있어요. 앞에서 잠깐 이야기했지만, 칭찬을 잘못하면 아부처럼 느껴서 오히려 관계가 틀어질 수도 있습니다.

일단 아부는 하는 사람도 듣는 사람도 껄끄럽습니다. '어떻게든 이 사람의 환심을 사서 내가 원하는 것을 얻어 내야지'라는 화자의 타산과 '속이 빤히 보이는 말을 하는 걸 보니 조심해야겠네'라는 청자의 경계심이 부딪치기 때문이죠. 게다가 칭찬을 받은 사람은 상대가 진심으로 한 것인지 자신에게 잘 보이기 위해 한 것인지 본능적으로 알아챕니다. 진심도 없이 어떻게든 호감을 사려고 칭찬을 건네면 역효과를 불러옵니다. 칭찬은 담백하게, 진심을 담아서 하세요.

단정하게 때로는 다정하게

당신은 어떤 칭찬을 들었을 때

기분이 좋았나요?

당신도 그렇게 사람들을 칭찬하고 있나요?

4장

자존감을 높이는
우아한 말투

어색한 사이에도
센스 있게 대화하기

계절 사냥에 나서자

. . .

가장 편하게 꺼낼 수 있는 이야깃거리로는 '계절'을 들 수 있을 것 같아요. 누구에게나 친숙한 주제인 데다 이야기가 잘 못 흘러 분위기가 심각해질 우려도 적기 때문입니다. 일종의 조커 카드 같달까요? "무더웠던 여름도 이제 끝이네요", "벌써 스웨터를 꺼내 입었다니깐요", "올해 꽃구경은 어디로 갈 계획이세요?" 등처럼 자연스럽게 대화의 물꼬를 틀 수 있죠.

근데 재미있는 건 사람마다 계절을 표현하는 방식이 달라서, 가만히 듣다 보면 그 사람의 성격이나 성향까지 유추할 수 있다는 거예요. 그럼 앞으로 어떻게 대화를 이어가면 좋을지도 감이 잡히겠죠.

계절 이야기는 처음 만난 사람과 이야기를 나눌 때도 특효약 역할을 합니다. 공적인 자리든 사적인 자리든 첫 만남은 사람을 긴장하게 하잖아요. 이때 계절 이야기를 나누면 딱딱한 분위기를 조금이나마 부드럽게 만들 수 있어요. 계절 이야기는 라디오에서도 자주 활용됩니다. 그만큼 '다루기 쉽고, 받아들이기도 편한 이야기 재료'라는 뜻이죠.

한편 할 말이 없는데, 대화를 이어가야 하는 경우도 있습니다. 그럼 무슨 얘기를 해야 할지 참 막막하죠. 이때도 저는 계절 이야기를 꺼냅니다. 사계절은 모든 사람이 겪는 변화라서 관련해 크고 작은 에피소드가 하나둘 쯤은 있을 거예요. 바로, 이 에피소드를 꺼내는 겁니다. 이렇게요!

"환절기 땐 바람이 참 세게 불어요. 그래서 베란다에 빨랫감을

단정하게 때로는 다정하게

널 때는 꼭 집게로 집어야 하는데, 늘 까먹습니다. 어제도 그랬어요. 퇴근하고 집에 갔는데 현관 손잡이에 제 잠옷 바지가 걸려 있는 거예요. 하필이면 오래 입어서 후줄근해진 잠옷이었습니다…. 흩날리던 제 잠옷을 챙겨준 이웃집 아주머니께 감사하면서도 부끄러운 마음이 들어서 혼자 얼굴이 빨개졌어요. 그렇게 한동안 문 앞에 멍하니 서 있었답니다. 본의 아니게 계절의 변화와 이웃의 따스함을 동시에 느꼈네요….”

어때요? 말하는 사람에게도 듣는 사람에게도 편한 이야기 주제라고 생각하지 않으세요? 말하는 사람은 이야깃거리를 찾느라 눈동자를 굴리지 않아도 되고, 듣는 사람은 공감하기 힘든 얘기를 예의상 듣기 위해 노력하지 않아도 되니깐요!

오늘 당신이 포착한

계절감은 무엇인가요?

우리,
편하게 말해요

어휘력의 문제일까, 마음의 문제일까?

• • •

자랑스럽게 할 말은 아니지만, 저는 꽤 우유부단한 편입니다. 식당에 가면 무얼 먹을지 고르느라 주문하기까지 한참이 걸리고, 외출하기 전에는 어떤 가방에 뭘 넣어 갈지 오랫동안 고민합니다. 그리고 방송 대기 시간이 길어졌을 때를 대비해 책이 좋을지, 노트북이 좋을지 망설이다가 결국 다 챙기고 나오죠.

말을 고를 때도 마찬가지입니다. 라디오 DJ를 갓 시작했을 무렵에는 '어떤 단어를 써야 내 감정이 온전히 전달될까?' 하고 고민하다가 말문이 막힌 적도 많았습니다. 그렇게 말이 원활하게 나오지 않는 상황이 반복되자 주변 사람들의 눈치를 보게 되었고, 급기야 방송 중 대화가 무르익지 못하면 제 우유부단함 때문이라고 생각되어서 방송하기가 무섭기도 했습니다.

그때는 제 어휘력 부족 때문이라고 생각했는데 돌이켜 보니 마음의 문제가 더 컸던 것 같습니다. '내가 한 말 때문에 누군가 상처를 입거나 불쾌해지면 어쩌지?' 하고 지나치게 걱정했던 거죠. 그리고 이런 긴장과 압박이 저의 언어 반사신경을 둔하게 만들었고요.

물론 말을 할 때는 상대를 배려해야 합니다. 그런데 지나치게 배려하느라 말을 이어가지 못한다면, 그건 다른 문제에요. 그런 일이 쌓이다 보면 사람들과 소통하는 일에 두려움이 생길 수 있습니다.

한번 상상해 보세요. 한 마디 한 마디를 고심해서 하느라

단정하게 때로는 다정하게

대화가 툭툭 끊기고, 의도치 않게 틈이 생겨서 긴장감만 더해지지 않을까요?

모든 말에 의미를 부여하지 마세요

· · ·

우리는 흔히 대화를 캐치볼에 비유합니다. 캐치볼을 하듯이 상대가 던진 말을 받아서 나도 말을 던지는 거죠. 이때 상대가 던진 공이 어느 방향에서 오는지를 잘 보고 잡은 뒤에 상대가 받기 쉽도록 다시 던지는 게 중요합니다. 이 과정이 순조로워야 캐치볼이 이어질 수 있어요.

애써 괜찮은 말을 고르다가 이야기할 타이밍을 놓치지 말고, 가볍게 한마디라도 전달해 보세요. "와, 정말 대단하네요", "진짜 재밌어요!", "그런 게 있었단 말이에요?", "너무 좋아요" 등처럼 그때 느꼈던 기분이나 감정을 툭 던지는 거죠. 저는 '항상 최고의 단어를 골라 이야기해야'라는 욕심을 버리고 나서 사람들과의 대화가 무척 편해졌답니다.

이와는 별개로 순발력이 부족해서 대화가 어려운 사람들도 있습니다. 소위 핑퐁식 대화가 힘든 경우죠. 그런데 여기에 정말 효과적인 연습이 있습니다. TV나 라디오에서 흘러나오는 목소리와 대화해 보는 겁니다. 예를 들어, 홈쇼핑을 보고 있다고 가정해 볼게요.

A: "보기에 근사한 옷은 입었을 때 불편하다고 생각하시죠?"

B: "네."

A: "근데 이 바지는 두 마리 토끼를 모두 잡았습니다!"

B: "두 마리 토끼를 다 잡았다고요?"

A: "허리 부분이 고무줄로 처리되어 있어 입었을 때 편하고요!"

B: "세탁하면 고무줄이 확 늘어나지는 않겠죠?"

A: "색상도 다양해서 TPO에 맞춰 골라 입을 수 있습니다."

B: "음, 좀 고민스러운데 장점을 좀 더 알려주세요!"

단, 이 대화 연습이 효과를 발휘하려면 실제로 사람이 앞에 있는 듯이 해야 합니다. 혼자 떠들기 민망하더라도 일주일

단정하게 때로는 다정하게

만 해 보세요. 대화 중에 뭐라고 말해야 할지 우물쭈물하던 때와는 달리, 어느 순간 상대방과 편안하고 경쾌하게 티키타카를 하고 있을 테니까요.

별 뜻 없는 말이라도 건네야

대화가 이어집니다.

마음의 수용력
키우기

역지사지의 화법

• • •

저는 25년 동안 라디오 DJ로 활동한 덕분에 다양한 사람을 만날 수 있었습니다. 라디오 부스 안에 들어오면 포근하고 편안한 느낌이 들어서, 자기도 모르게 진솔한 면모를 드러내는 사람도 있었습니다. 청취자는 그런 모습에 더 매력을 느끼죠. 싱어송라이터이자 배우인 후쿠야마 마사하루福山雅治 씨도 그중 한 사람입니다. 달콤한 음색, 단정한 외모 그리고 유머

감각까지 갖춰서 남녀노소 불문하고 많은 사람에게 사랑받고 있죠.

후쿠야마 마사하루 씨 역시 오랫동안 라디오 DJ로 활동했는데요. 제가 생각하는 그의 가장 큰 매력은 엄청난 스타인데도 친근하고 소탈한 면모를 가지고 있다는 점이에요. 특히 그의 방송을 들으면 때로는 친구처럼, 때로는 연인처럼, 때로는 가족처럼 느껴집니다. 전 그 특유의 친근감이 후쿠야마 씨의 '공감력' 덕분이라고 생각하는데요. 그는 고민을 털어놓는 청취자에게 아는 형이나 오빠, 믿음직한 인생 선배로서 자신의 경험담을 들려주기도 하고, 연애 상담을 해 주기도 합니다.

저 또한 청취자 사연을 소개할 때 그들의 시선에서 세상을 읽고 해석하려고 노력합니다. 거리를 최대한 좁히려고 하죠. 어느 봄날, 한 청취자가 "오늘 이사합니다! 물건을 정리하고 짐을 싸다 보니 제 마음까지 정리되는 기분이었습니다"라는 사연을 보내왔다고 가정해 봅시다. 그럼 저는 이삿짐 상자가 가득한 방을 상상합니다. '여기 포스터 자국이 있네', '바닥에 난 이 흠집은 그때…' 하면서 상상 속에서 텅 빈 방을 둘러 보죠.

　이렇게 상상력을 동원해서 상대와 내 상황으로 겹쳐 보면 자연스레 공감대가 형성됩니다. 그러면 상대에게 건넬 말이 떠오르죠. "이사하게 되면, 그동안 살던 집에서 있었던 일들이 스냅사진처럼 머릿속을 스치죠" 하고 말이에요. 물론 어디까지나 '내가 상상한 상대의 마음'이니, 단정 짓지 않는 태도가 필요합니다.

상대방의 사고방식이나 가치관도

헤아릴 줄 알아야 합니다.

나의 화법 선생님을
소개합니다

배려의 화법

· · ·

제가 아는 사람 중에 '대충대충'이란 말이 가장 잘 어울리는 인기 코미디언 다카다 준지高田純次 씨 역시 매력적인 분입니다. 예전에 준지 씨가 진행하는 여행 프로그램에 내레이터로 참여한 적이 있어요. 원래 시원시원하고 호쾌한 성품인 걸 알고는 있었지만, 이 방송을 통해 준지 씨가 정말 대단한 분이라는 것을 새삼 느낄 수 있었습니다. 왜냐하면 처음 보는 사람과도 거리낌없이 대화를 이어가시더라고요. 낯선 사람과 편하게 대화하기! 그 어려운 걸 해내는 분이었어요.

화면 속에서 방금까지 터덜터덜 걷던 준지 씨가 보이지 않아 어리둥절해 찾아보면, 골목길 한편에서 지나가던 사람을 붙들고 너스레를 떨고 있을 때가 많았죠. 누구와도 편하게 이야기를 나누는 그의 능력이 부러웠습니다. 그래서 그의 모습을 유심히 관찰했습니다.

그는 어떤 순간에도 상대를 먼저 '배려'하고 있었습니다. 대화가 어색하거나 불쾌해지지 않도록 늘 상대를 먼저 챙겼죠. 그렇다 보니 혼자 돋보이려고 하거나 억지스러운 이야기로 상대를 불편하게 만드는 일이 없었죠. 나와 대화하는 사람이 유쾌하길 바라는 마음. 이것이야말로 최고의 배려심 아닐까요?

준지 씨와는 제가 대학생 때 광고 촬영장에서 아르바이트를 하며 처음 만났습니다. 늦은 시간까지 촬영하느라 피곤하셨을 텐데도 스태프들을 일일이 챙기시더라고요. 심지어 막내인 저에게도 "아직 학생이죠? 이렇게 밤새고 학교 가도 괜찮겠어요?" 하고 물어봐 주셨습니다. '젠체하지 않고도 이렇게 상대를 배려할 수 있구나. 나도 저런 어른이 돼야지' 하고 남몰래 감동했던 기억이 납니다.

여러분은 대화할 때 상대방을 배려하고 있나요? 혹시 본인이 하고 싶은 말만 앞세우고 있진 않나요?

매력을 끌어내는 화법

· · ·

"또 마쓰오 기요시松尾潔라는 사람이구나. 글을 정말 잘 쓴다니까…."

저는 학생이었던 1990년대에 그의 이름을 처음 의식하게 됐습니다. 인터넷이 널리 보급되기 전, 음악 잡지 기사나 CD 커버 등에서 방대한 지식과 위트 넘치는 비평을 접하고 나서, 대체 어떤 사람이 썼을까 궁금했죠.

세월이 흘러 운 좋게도 저는, 마쓰오 기요시 씨가 프로듀싱하는 아티스트의 데뷔 프로젝트를 돕게 됐습니다. 아티스트를 바라보는 엄격하면서도 애정 넘치는 눈길, 음악 저널리스트로서의 지식과 경험을 바탕으로 한 빛나는 발상에 놀라움을 감출 수 없었습니다.

제가 특히 존경하는 부분은 특유의 단어 고르는 법과 말을 거는 법입니다. 아티스트의 매력을 더 많이 끌어내려면 어떻게 말을 걸어야 하는지 고민하는 마쓰오 씨는 말이 가진 좋은 효과와 나쁜 효과를 늘 의식합니다. 그리고 절대 "내가 말이야" 하면서 나서지 않죠. 어디까지나 본인의 역할은 아티스트가 가장 빛나도록 돕는 것이니까요.

저는 에그자일EXILE의 노래 'Ti Amo'에 들어가는 내레이션 한마디를 녹음하면서 마쓰오 씨의 매직을 몸소 경험했습니다.

스튜디오에는 프로듀서인 마쓰오 씨, 엔지니어, 레코드 회사 직원이 함께 있었지만, 부스 안에는 저 혼자였습니다. 익숙지 않은 음반 제작 현장에서 첫 녹음을 한 후 '지금처럼 하면 되나?' 하며 긴장하고 있는데, 이렇게 조언하더군요.

단정하게 때로는 다정하게

- "듣는 사람 마음에 더 깊이 닿으려면 도입부를 좀 더 부드럽게 하는 게 좋겠어요."
- "곡에 담긴 스토리를 더 상세히 상상해 보세요. 여주인공은 지금 어떤 심정일까요?"

그는 '이 부분을 구체적으로 이렇게 바꾸면 더 좋지 않을까?'라는 냉정하고 정확한 조언과 함께 상대에게 존경심을 표하는 일도 잊지 않습니다. 그리고 실제로 시도해서 좋아졌다면, 반드시 피드백을 줍니다.

이따금 어려운 주문을 할 때도 있지만, '당신에겐 그만한 능력이 있어요!'라고 잠재력을 일깨워주죠. 그러면 아티스트는 의욕과 자신감을 더 불태우게 됩니다. 마치 승패를 가르는 결정적인 순간에 선수의 사기를 북돋우는 명감독, 명코치처럼요. 스튜디오에서 그와 함께 일할 때마다, 그 꾸밈없고 주옥같은 화법을 몰래 배우고 있습니다.

다정다감한 화법

· · ·

미를 탐구하는 감성과 따스한 마음을 가진, 저널리스트 마쓰모토 지토세松本千登世는 20대 시절부터 저의 본보기였습니다.

첫 만남은 제가 친한 친구의 결혼식에서 사회를 맡았을 때였습니다. 친구의 중대한 새 출발을 알리는 자리에서는 일할 때보다 더 긴장됩니다. '절대 실수하면 안 돼. 누가 좀 도와줬으면…!' 하는 심정으로 식을 진행하고 있는데, 인자한 미소로 고개를 끄덕이며 제 이야기를 듣고 있는 마쓰모토 씨가 눈에 들어오더군요. 나중에 결혼식 뒤풀이에서 친구가 소개해 준 이후로 지금까지, 그녀는 공사를 불문하고 제가 최고로 뽑은 롤 모델이 되었습니다.

마쓰모토 씨는 언제 만나도 활기가 넘치는 오아시스 같은 사람이에요. "맞다, 얼마 전에 진짜 대단한 일이 있었는데…" 하면서 생글생글 웃으며 들려 주는 소소한 에피소드는 또 어찌나 따스한지 듣는 사람의 마음을 평온하게 만듭니다.

단정하게 때로는 다정하게

- "저번에 가게에서 계산하는데 점원이 이런 말을 하는 거 있지?"
- "엘리베이터에서 같은 아파트에 사는 주민을 만났는데 이런 반응을 보이더라."

이처럼 정말 소소하게 느껴지는 한마디까지 소중히 기억했다가 다른 사람들에게 기분 좋게 전해 줍니다.

제게는 남의 말을 듣고 '어떤 속뜻이 있을까?' 하고 고심하다 멋대로 해석해 버리는 나쁜 버릇이 있습니다. 마음에 여유가 없을 때 특히 그렇죠. 그러나 마쓰모토 씨와 이야기를 나누다 보면, 괜한 걱정에 비뚤어진 제 모습이 보여서 '이러면 안 돼!' 하고 정신을 바짝 차리게 됩니다. 마쓰모토 씨는 진심 어린 마음으로 저마다의 다른 가치관을 이해하는 사람이라서일까요?

그가 쓴 책을 읽으면, 자신과 다른 타인의 가치관을 너그럽게 받아들이면서도 흔들리지 않는 사람의 심지가 느껴집니다. 저도 나이가 들수록 매사를 여유롭게 바라보며 주변 사람들의 마음을 가볍게 만들어 줄 수 있다면 좋겠습니다.

"너무 심각하게 생각하지 마. 너무 경계하지도 말고. 일상
으로 뛰어 들어온 소소한 일들에 기뻐하고 감동해 봐. 오늘도
신나고 기분 좋은 일들이 곳곳에서 일어나고 있잖아." 마쓰모
토 씨는 이런 교훈을 경쾌하게 알려 주는, 제가 무척 아끼는
사람입니다.

단정하게 때로는 다정하게

당신에게도 닮고 싶은

화법의 달인이 있나요?

뻔한 틀에서
벗어나기

내가 책을 읽는 이유

· · ·

저는 책을 많이 읽는 편입니다. 불후의 명작을 남긴 거장
부터 주목받는 신인 작가까지, 모든 연대와 세대의 감성을
접할 수 있는 도구가 단연 책이라고 생각하기 때문이죠. 그중
에서 제게 깊은 인상과 깨달음을 주었던 책을 소개하고자 합
니다.

단정하게 때로는 다정하게

《온 세상 사람들》 (피터 스피어 저, 비룡소 펴냄)

네덜란드 작가 피터 스피어의 동화책으로 "세상에는 이렇게 다양한 사람들이 있어! 그래서 얼마나 재밌고 즐거운지 몰라!"라는 메시지를 담고 있습니다. 이와 함께 전 세계 사람들의 피부색, 복장, 놀이, 축제, 음식, 문자 등을 소개하죠.

일본에서는 초판이 1982년에 출간되었어요. 당시 저는 지가사키에서 초등학교에 다니며 동네 친구들과 뛰노는 게 세상 전부인 어린이였습니다. 그러던 어느 날 우연히 학교 도서실에서 이 책을 읽고, '세상이 이렇게 넓구나!' 하고 알게 되었습니다. 가슴이 두근두근 뛰었던 기억이 지금도 생생해요.

학교에서는 학생들에게 어른들이 정해 놓은 규칙에 따라 생각하고 행동하기를 강요합니다. 그런데 이 책은 '사람은 모두 제각각이야. 그게 당연한 거란다'라고 알려 줬죠.

나아가 나와 다르다는 이유만으로 남을 미워해서는 안 된다는 메시지를 주는 이 책은 성인에게도 큰 울림을 줍니다. 꼭 한번 읽어 보세요!

《스누피와 친구들의 인생 가이드》(찰스 M. 슐츠 저, 오픈하우스 펴냄)

스누피와 그 친구들의 일상을 그린 만화로, 곱씹을수록 깊이 있는 말들이 가득한 책입니다.

"계속 위를 올려다봐, 그게 살아가는 비결이야" 하고 개집 위에 앉아 읊조리는 스누피부터 "때로는 나를 조금만 아껴 줘도 기분이 좋아져" 하고 거울을 보며 머리를 빗는 라이너스, "이제껏 살펴보니 누군가를 때리려 하면 상대 또한 되갚아 때리려고 하는 경향이 있어" 하고 엉덩방아를 찧으며 비틀거리는 찰리 브라운까지.

시인이자 이 책을 번역한 다니카와 슌타로谷川俊太郎 씨는 직접 쓴 '시작하는 말'에서 이 작품의 본질을 이렇게 말했습니다.

"원제가 'GUIDE TO LIFE'라서 '인생 안내'라는 말로 번역했는데, 사실 'LIFE'라는 단어와 인생이라는 말 사이에는 미묘한 차이가 있는 듯합니다. 라이프가 말 그대로 생명, 생활, 활기 등을 뜻한다면, 인생에는 마치 슬픈 노래처럼 감상적인 느낌이 있습

단정하게 때로는 다정하게

니다."

자신감, 대인관계, 노력, 사랑 등 인생을 살아가는 데 필요한 지혜들을 촘촘하게 다루는 이 책은 힘든 하루를 보냈거나 인간관계에 고민이 생겼을 때 읽으면 많은 도움이 됩니다. 그래서 제게 고민을 털어 놓는 친구들에게도 적극 추천하는 책입니다.

《행복론》 (알랭 저, 기파랑 펴냄)

프랑스 철학자 알랭이 신문에 연재한 칼럼 중에서 행복에 관한 글을 엮은 책입니다. 이런저런 고민에 빠진 저에게 알랭의 올곧은 문장들은 마치 등대처럼 나아갈 방향을 환하게 비춰 줍니다.

특히 '행복이란 스스로 행복하길 선택하는 것'이라는 그의 철학이 마음 깊숙이 와닿았습니다. 사회 풍조나 주위 사람들 의견에 휩쓸리지 않고 스스로 어떻게 살아갈지 선택해야 한다는 것이죠. 덧붙여 알랭은 우리에게 이런 조언도 던집니다.

"그냥 몸이 좀 피곤해서 기분이 가라앉은 거 아냐? 우울한 감정에 휘둘리지 말고, 의자를 꺼내서 다시 시작해!"

단순하지만 매우 공감이 가는 지적이었습니다. 우리는 때로 마음의 문제라기보다 단순히 좀 피곤해서 신경이 날카로워질 때가 있습니다. 그럴 때는 잠시 멍하게 있거나, 푹 자고 일어나면 머리가 맑아집니다. 불쾌감으로부터 나를 끄집어내는 거죠. 저는 몸과 마음이 무거워질 때면, '슬슬 의자를 꺼내야겠군' 하고 알랭의 말을 떠올린답니다.

《쓰레즈레구사》 (요시다 겐코 저, 책사랑 펴냄)

일본인이라면 누구나 읊고 싶어 하는 일본 3대 수필 중 하나입니다. 이 책을 읽다 보면 '내가 누구보다 그 마음을 잘 알지!' 하는 탄식이 절로 나옵니다. 특히 연약한 마음, 해이한 마음에 관한 이야기는 저도 모르게 밑줄을 죽죽 그어 가며 잊지 않으려고 애씁니다. 인간의 근심은 700년 전이나 지금이나 다를 바가 없구나, 하면서요.

내용 중 가장 유명한 이야기 '나무 오르기 달인'을 잠시 살

단정하게 때로는 다정하게

퍼볼까요? 나무 오르기 달인은 "나무 꼭대기로 올라갈 때는 누가 뭐라 하지 않아도 스스로 조심하니 걱정이 없다. 그보다는 내려올 때, 이제 얼마 안 남았다고 생각할 때 더욱 주변을 살피고 조심해야 한다"라고 조언합니다. 즉, 위험한 순간에는 스스로 조심하니까 괜찮지만, 머지않아 안심해도 될 때일수록 마음이 해이해지니 조심해야 한다는 뜻입니다.

그 말이 무슨 뜻인지 저도 잘 압니다. 생방송 때도 똑같은 일이 벌어지거든요. '오늘 방송도 어찌어찌 잘 끝났네'라는 생각이 드는 날이면, 꼭 엔딩 멘트를 할 때 실수를 합니다. 읽어야 할 원고를 건너뛰거나 말을 더듬는 식으로요. 그래서 저는 지금도 생방송을 진행할 때면 방송 내내 나무 오르기 달인의 말을 떠올립니다.

이렇게 좋은 내용들을 온전히 내 것으로 만들려면, 어떻게 책을 읽어야 할까요? 저는 이런 방법을 활용합니다.

책 내용을 그대로 받아들이지 않고, '정말 그럴까? 말이 쉽지 실제로 이게 가능해? 직장에선 어떻게 응용할 수 있을까?

가정에서는?" 하고 의문이나 반박 거리를 떠올리면서 읽죠. 저자와 서로 생각을 주고받듯 능동적으로 따져 보는 겁니다. 아무리 괜찮은 조언이더라도 내게는 맞지 않을 수 있어요. 사람마다 성격이나 처한 상황이 다르니까요. 물론 그 조언이 내게 잘 맞다면 내 안에 변화를 일으킬 수 있도록 적극적으로 활용해야 합니다!

단정하게 때로는 다정하게

당신에게 변화를 준

책이나 글귀가 있나요?

5장

단정하게 때로는 다정하게

행복을
글로 적어 보세요

행복이란?

. ● .

"지금 행복하세요?"

이런 질문을 받는다면 여러분은 어떻게 대답하시겠어요? 만약 "① 행복하다, ② 행복하지 않다"라는 선택지 중 하나를 골라야 한다면, 딱 잘라 답하기 어렵다며 난감해할 분들이 많을 거라 생각합니다.

이 질문은 닌텐도 전 대표 이와타 사토루岩田聡 씨가 직원들과 면담할 때, 맨 처음 던진 말이었다고 합니다. 이와타 씨의 어록을 엮은 《이와타씨에게 묻다》(이콘, 2021)에 소개된 일화죠. 이 질문을 보고, 저는 '나에게 행복이란 뭘까?' 생각해 보게 되었습니다. 내가 행복한지 불행한지 답하려면, 우선 '행복'을 정의해야 하니까요.

"나에게 행복이란… 나와 가족이 건강하고, 맛있는 음식을 먹을 수 있고, 좋아하는 일을 하고, 좋아하는 책을 읽고…" 이렇게 제 일상 속 기쁨을 말로 표현해 봤죠. 내가 무엇을 할 때, 내 '행복 미터기'가 플러스 방향으로 기우는지 적어 보았습니다. 자그마한 행복 블록을 하나씩 쌓는 느낌으로요.

그런데 생각보다 별로 쌓이지 않더군요. 곰곰이 따져 보니, 내가 정말 원하는 것, 나를 진정 행복하게 해 주는 것은 의외로 많지 않다는 사실을 깨달았습니다. 아주 신선한 경험이었죠. 저는 이 '행복 리스트'를 작성하기 전까지 이것도 하고 싶고, 저것도 하고 싶은 욕심 많은 사람이었습니다. 왜 그랬을까 생각해 보니, 남의 행복을 내 행복 리스트에 끼워 넣으려고 애썼죠. 그러다 보니 결국 조바심이 생기고 불평불만

단정하게 때로는 다정하게

이 늘어갔어요. 누군가를 질투하기도 했고요.

그래서 저는 행복 리스트를 조금씩 줄여 나갔습니다. 나의 행복과 타인의 행복을 명확히 구분하고, '난 이것만 채우면 행복해'라는 기준선을 만들었죠. 그렇게 '나는 이 정도면 충분해!'라고 생각하니 작은 것에서도 큰 행복을 느낄 수 있었습니다. 그래서 저는 행복이란 작은 것에 만족할 줄 알고, 감사히 여기는 마음이라고 정의하게 되었습니다.

미디어나 SNS만 보면 세상은 온갖 화려하고 이상적인 것들로 가득합니다. 게다가 나만 빼고 모든 사람이 그것을 누리며 사는 듯 보이죠. 그런 모습을 동경함으로써 삶에 동기부여가 된다면 괜찮겠지만, 기가 죽거나 쫓기는 기분이 든다면 지금 당장 그것들로부터 안전거리를 둬야 합니다. '나는 나, 너는 너'라고 단호하게 선을 그어야 해요.

이때 전 저의 행복 리스트를 더욱 공고히 다집니다. 좋은 흙에 튼튼한 식물을 심듯이 말이죠. 그럼 자연스레 자신에게는 물론 주변 사람들에게도 너그러워집니다.

여러분도 조바심이 나거나 불안해지면, 나에게 행복이란

무엇인지 글로 표현해 보세요. 그럼 망설일 일도, 고민할 일도 점차 줄어든답니다. 자, 한번 적어볼까요? 여러분에게 행복이란 무엇인가요?

단정하게 때로는 다정하게

당신을 행복하게 만드는 것은

무엇인가요?

실수를 기회로 만드는
마음 변환법

실수를 피하려 할수록 실수가 생긴다

· · ·

원래 사람은 '절대 실수하면 안 돼!' 하고 생각할수록 더 실수하는 법입니다. 한 번 실수하고 나면 물꼬를 튼 듯 연발하기도 하죠. 저는 특히 내레이션 작업을 할 때 그랬습니다.

내레이션 부스에 들어가 모니터 영상에 맞춰 (초 단위로!) 원고를 읽는 것이 제 일이었는데, 잘못 읽더라도 다시 녹음할 수 없는 생방송으로 진행되었습니다. 원고에 영상과 맞지 않는 내용이 적혀 있기도 했죠. 절대 실수해선 안 된다는 생각이 최고조에 달해 세심하게 주의하며 원고를 읽어 나갔지만, 조바심과 압박감에 심장이 요동쳤습니다. 그래서 평소와 달리 단어를 잘못 읽거나 한자를 까먹거나 엉뚱하게 말하기도 했죠.

그러나 안타깝게도 우리는 절대 실수하면 안 된다고 자기 자신을 다그칠수록 실수에 더 말려듭니다. 그러니 이렇게 생각해 봅시다.

'사람은 누구나 실수할 수 있는 법이야. 지나간 일에 연연하지 말자!' 하고 나 자신에게 용기를 북돋아 주는 겁니다. 그래야 불안과 실수에서 벗어나 본래의 힘을 다시 발휘할 수 있어요.

'어떡하지…'가 아니라 '이렇게 하자!'

· ·

결혼식 축사나 업무 프레젠테이션, 회식자리 등에서 한마디 해야 할 때 머릿속이 새하얘졌던 경험 있지 않으세요? 이때 대충 얼버무리려고 하면 괜히 더 초조해지고, 듣는 사람까지 안절부절못하게 되죠. 그럴 땐, "죄송합니다. 제가 긴장해서 두뇌 회로가 멈춰 버렸네요…. 지금 다시 전원 버튼을 눌렀으니까 잠시만 기다려 주세요!" 하고 유머러스하게 상황을 넘겨보세요.

이런 말이 처음에는 어색할 수 있지만, 덕분에 말하는 사람도 듣는 사람도 긴장을 풀고, 다시 호흡을 가다듬을 수 있습니다. 딱딱한 분위기에서 조금이라도 웃음이 일면 부담감이 덜해진다는 점도 기억해 주세요.

이렇듯 난감할 때 활용할 수 있는 가벼운 '유머'를 기억해 두면 그 상황을 대처하는 데 큰 도움이 됩니다. 어렵게 생각할 필요 없어요. "죄송합니다, 긴장해서 머릿속이 새하얘졌어요"라고만 말해도 충분합니다. 순수하게 미안한 마음을 전하는 모습에서 상대는 인간미를 느낄 거예요. 게다가 '위기는 곧 기회'라는 말도 있잖아요.

한 가지 예를 들어 볼게요. 사전 브리핑 회의가 10분 앞으

단정하게 때로는 다정하게

로 다가왔다고 가정해 봅시다. 여러분이 발표해야 할 자료에 길고 발음하기 어려운 단어들이 가득하다면, '잘못 읽으면 어쩌지?' 하고 불안감이 엄습할 겁니다. 그 불안에 휘말리면 실수할 수밖에 없습니다. 심장박동이 빨라지고 손끝이 차갑게 식겠죠. 정말 열심히 준비했는데 단어가 너무 어려워서 어쩔 수 없었다고 변명하며 자신을 감싸고 싶겠지만, 슬프게도 그 말을 곧이곧대로 들어줄 사람은 없습니다. 그러니 실수했을 때는 재빨리 자의식에서 벗어나 먼저 순순히 인정해야 합니다. 그다음 "죄송합니다. 주의하겠습니다!" 하고 다시 발표를 이어가면 됩니다.

물론 실수는 하지 않는 게 가장 좋지만, 실수했을 때 어떻게 대처할지 미리 생각해 두면 상황이 더 나빠지지 않는 선에서 마무리할 수 있습니다. '발표 중에 말이 꼬이면 '죄송합니다! 다시 말씀드릴게요!' 하고 사과한 다음 또박또박 말해야지!' 하는 식으로요.

실수하지 않으려고 애쓰다 보면 몸과 마음이 딱딱하게 굳어 버리잖아요. 그보다는 '실수하더라도 이렇게 대처하면 되니까 괜찮아!' 하고 유연한 자세를 취하는 게 현명합니다. 이제부터 '어떡하지…'가 아니라 '이렇게 해 보자!'라고 마음먹어 보세요.

단정하게 때로는 다정하게

실수를 했다면 깔끔하게 인정하고

기회로 만드세요.

다람쥐 쳇바퀴 같은
일상에서 벗어나기

혹시 '손버릇'만 남지는 않았나요?

. . .

뮤지션을 인터뷰할 때, 가끔 '손버릇'이란 말이 나옵니다. 기타나 피아노 등 한 악기로만 작곡하다 보면 무의식중에 자신이 좋아하는 코드나 구절만 사용하게 되는 습관을 손버릇이라고 하는데요. 이렇게 곡을 만들면 다 엇비슷해져서, 일부러 익숙지 않은 악기를 만지기도 한다는데, 그럼 새로운 영감이 떠오른다는군요.

단정하게 때로는 다정하게

뮤지션은 아니지만 혹시 나도 그런 손버릇으로 하루를 살고 있나, 하는 생각이 든 후로 일부러 일상에 변칙적인 요소를 넣으려고 노력합니다.

가령 역에서 내려 집으로 갈 때 항상 걷던 코스에서 벗어나 마음 내키는 대로 걸어 봅니다. 그러면 '이 길이 여기까지 이어지는구나', '개인 주택 마당에 보호수로 지정된 나무가 있다니', '이 성씨는 어떻게 읽지?', '이건 손수 만든 문패인가?' 하면서 사소한 것들을 발견합니다.

우리가 의식하지 않으면, 하루는 자동으로 흘러가 정해진 생활권에서 완결됩니다. 똑같은 길, 똑같은 가게, 똑같은 음료수. 내게 최적으로 맞춰진 루틴을 따르면, 일상에서 크게 어긋날 일은 없습니다. 하지만 그 안락함에 익숙해지면 거기서 나오려 하지 않게 되죠.

'다람쥐 쳇바퀴 돌 듯' 하루를 보내는 건 주변 환경 탓도, 누구의 탓도 아닙니다. 바로 내가 그러길 선택했기 때문입니다. 똑같은 일만 되풀이하며 사는 게 더 편하니까요. 그런 자신을 바꾸고 싶다면 일주일에 한 번이라도 좋으니 어떤 성과

나 지름길을 바라지 않는 '비일상'을 만들어 보세요. 나도 모르게 만들어 놓은 울타리 안에서 한 발 벗어나면, 신선한 무언가가 보일 겁니다.

물론 새로운 '발견'을 못 해도 괜찮아요. 그 외에도 쓸모가 있으니까요. 익숙지 않은 길이나 풍경 속을 걷다 보면 우리는 '걷는 행위' 자체에 집중하게 됩니다. 그러면 골몰했던 일이나 걱정거리에서 잠깐 벗어날 수 있죠. 일단 몸을 움직여 머릿속에 있는 상자를 비우면 '뭐야, 별일 아니었잖아!' 하고 나아갈 길이 확실하게 보일 때도 있습니다.

사람은 물리적으로 한 공간에 오래 머물면, 별로 필요하지 않거나 급하지 않은 생각까지 하게 됩니다. 괜히 여러분 내면에 그런 생각을 발효시키지 말고, 바깥 공기를 맡으며 답답함을 배출하세요.

'오늘은 스트레스가 좀 쌓였구나' 하고 느껴질 때, 저는 10분이라도 저녁 산책에 나섭니다. 주택가의 고요한 밤공기 속을 묵묵히 걷죠. 평범한 행동이지만, 여기저기 흩어진 감정을 정리하고 마음을 다잡는 혼자만의 귀중한 시간을 만들 수 있

단정하게 때로는 다정하게

습니다.

일부러 빙 돌아가기와 산책. 별거 아닌 것 같지만 마음을 다스리기에 꽤 효과적입니다. 이 행동을 습관으로 만들어 보세요. 여러 번 말하지만, 정말 걷기만 해도 됩니다. 기분도 나아지고, 날마다 똑같이 느껴졌던 일상이 어제와 다른 색으로 물들 거예요.

기분 전환이 필요할 땐,

산책을 해 보세요.

도저히 안 맞는 사람 때문에
고민이라면

모두에게 사랑받고 싶나요?

· · ·

우리는 대화할 때 상대방의 성격이나 기분, 상황을 헤아리며 이야기합니다. 그중에는 유난히 성향이 잘 맞아 대화가 통하는 사람이 있는 반면에, 아무리 애써도 잘 맞지 않는 사람도 있죠. 인간관계에서 오는 스트레스는 대개 여기서 기인하는 것 같습니다.

그런데 생각해 보면, 우리는 오랜 세월 함께한 가족과도 대화가 잘 통하지 않아 속상할 때가 있잖아요. 애초에 모든 사람을 품는다는 건 현실과 동떨어진 꿈같은 이야기입니다.

저도 젊을 때는 '난 이해하려고 애쓰는데 저 사람은 너무 이기적이야!' 하고 속상했던 적도 많았습니다. 그런데 사회생활을 통해 다양한 사람들을 만나면서 인간관계를 보는 시각이 많이 달라졌어요. '원래 사람은 모두 다르니까' 하고 말이에요. 나와 생각이 다른 사람을 만나면, '아, 당신은 그렇군요. 그럴 수도 있죠' 하고 유연하게 생각할 수 있게 되었습니다. 그러니 자연스레 스트레스도 줄고, 인간관계도 훨씬 편해졌답니다.

물론 제가 이렇게 달라진 데 결정적인 역할을 한 에피소드가 있긴 합니다. 어떤 스태프와의 관계 때문이었죠. 그분은 평소엔 온화한 성격이었으나 일이 생각대로 풀리지 않으면 감정적으로 변하곤 했습니다. 분노가 극에 달하면 "긴장감이 부족해! 기합을 더 넣으라고!" 하면서 정신이 어쩌니 근성이 어쩌니 하는 말들을 마구 쏟아 냈습니다. 처음에는 그런 태도에 너무 충격을 받아서 '내가 뭘 잘못했다고 저러는 거야…'

단정하게 때로는 다정하게

하고 상심했죠. 게다가 그가 하는 말에 아무리 귀를 기울여도 뭘 어떻게 하라는 건지 이해되지 않아 난감하기도 했습니다.

그 뒤로도 같은 일이 여러 번 반복되었습니다. 그리고 그는 매번 구체적인 개선책 없이 짜증만 냈죠. 저는 고쳐야 할 점이 있다면 고치고 싶은데, 먼저 질문조차 할 수 없는 상황이었습니다. 그런 상태가 지속되자 제 마음은 무너질 것 같았어요. 그래서 이렇게 생각하기로 했어요. '내가 아무리 애써도 저 사람의 가치관이나 감정을 이해할 수는 없을 거야. 맞지도 않는 상대에게 비난받았다고 느끼면서 좌절해 봐야 나만 손해지!'라고 말이에요.

상대방도 내가 말을 못 알아들으니 답답하긴 마찬가지겠죠. 전 아무리 설명해도 서로 맞춰 가기 힘들 때는 일단 사과하고 그 상황에서 벗어납니다. 그래야 자책으로 번지지 않고 나다운 모습을 지킬 수 있으니까요.

그런 일을 몇 차례 겪고 나서, 저는 누가 일방적으로 자기 의견이나 감정을 쏟아 내면 일단 하고 싶은 말을 모두 하도록 내버려 둡니다. 그리고 그 사람의 생각에 반론하지 않는 것을 기본자세로 삼게 되었죠. 저마다 대처법이 다르겠지만, 제게는 이 방법이 가장 잘 맞더라고요.

상대가 논리에 맞지 않는 감정적인 말만 쏟아 낸다면, 언젠가 끝나겠지, 하면서 귀담아듣지 말고 마음 바깥쪽으로 슬쩍 흘려보내세요. 괜히 말을 보탰다가는 화만 더 돋울지도 모르니까요.

대화는 이기고 지는 게임이 아니다

· · ·

상대가 화가 나서 하는 말을 '진심으로' 받아들일 필요는 없습니다. 마음속으로 '저 사람은 나와 생각이 다르구나. 색다른 가치관이네' 하고 넘겨 버리세요. 물론 진지하게 들어야 하는 조언도 있겠지만, 감정이 섞인 말은 흘려들어도 괜찮습니다. 다양한 사람과 얽힐수록 새로운 폭탄과 마주할 일도 늘어나거든요. 무모한 마찰이나 충돌은 당신만 피곤하게 만들 뿐입니다.

단정하게 때로는 다정하게

대화를 이기고 지는 게임이라고 여기는 사람을 만나면 일단 심호흡을 하세요. '그래, 여기선 지는 게 이기는 거야' 이렇게 마음속으로 읊조리면 괜한 다툼에서 기분 좋게 벗어날 수 있습니다. 상대방과 내 감정에 휩쓸려 일희일비하지 않게 되죠.

그러나 의도치 않게 밑도 끝도 없는 무모한 대화를 하게 됐다면 '저 사람은 나와 가치관이 다르니까' 하고 잘라 내세요. 여러분의 마음을 안전하게 지키기 위해 필요한 자세입니다.

여러분에게는 소중한 시간과 감정을 공유할 가족, 친구, 동료들이 있습니다. 도저히 맞지 않는 사람까지 이해하려고 노력하지 마세요. 여러분 자신을 돌보고 소중한 누군가를 사랑하는 데 사용하세요!

당신의 소중한 시간과 감정을

괜한 사람에게 쓰고 있진 않나요?

우아한 어른
흉내를 내보자

어른이라면 어떻게 할까?

· · ·

전 불쾌한 일이 생기면 제 감정에 휩쓸려 괜히 일을 그르칠 때가 종종 있습니다(늘 마인드 컨트롤을 외치지만요). 외유내강형 어른이 되는 길은 왜 이리 멀기만 할까요? 하지만 그런 저도 당장 오늘부터 우아하고 멋진 어른 '흉내'는 낼 수 있습니다. 어릴 때 누구나 해 본 소꿉놀이처럼 내가 생각하는 우아한 어른 흉내를 10분이라도 내보는 거죠.

가령 누군가의 말과 행동 때문에 짜증 났을 때, '이런 상황에서 좋은 어른은 어떻게 행동할까?' 하고 자신에게 물어봅니다. '세상엔 별별 사람이 다 있잖아, 하고 웃어넘길까? 아니면 살다 보면 누구나 겪는 일이라고 생각하면서 해결책을 찾아 나갈까?' 하고 이후 상황을 상상해 보죠. 그럼 불쾌했던 감정이 수그러들고 타인의 무례한 행동에 내 기분이 좌지우지되지 않습니다.

물론 어른스럽게 행동하는 건 내 진짜 모습이 아니란 생각에 좀 겸연쩍을 수도 있어요. 그런데 사람들은 어디까지나 실제 여러분이 하는 '행동'을 보고 판단합니다. 아무도 눈치채지 못할 테니까 '일단 흉내만 내면 돼' 하고 자신을 타일러 보세요.

하버드 경영대학원 교수이자 유명한 사회심리학자 에이미 커디Amy Cuddy에 따르면 자세나 표정 등 비언어적 행위가 심리에 영향을 준다고 합니다. '즐거워서 웃는 것'은 너무 당연하지만, '웃으니까 즐겁다'라고도 하잖아요. 그와 마찬가지로 자신감이 생기면 어깨가 절로 펴지듯이, 어깨를 쫙 펴면 자신

단정하게 때로는 다정하게

감이 생긴다고 해요. 이 원리를 '어른 흉내 내기'에 빗대어 생각해 봅시다. 좋은 어른을 흉내 내다 보면, 어느 순간 진짜 좋은 어른이 될 수도 있답니다.

흉내를 내보는 것도 엄연한 '개선'이란 걸 기억해 주세요. '좋은 어른 흉내 내기'가 바로 성장으로 이어지지 않더라도 조바심 낼 필요 없습니다. 원래 인간이란 깔끔한 비례 직선을 그리며 변화하지 않으니까요. 흉내를 냈는데 설사 잘되지 않았더라도 '아, 이건 아닌가 보구나. 하나 더 배웠네!' 하고 넘어가면 됩니다.

흉내를 내다 보면,

진짜가 됩니다.

헤어짐도
아름다운 사람

잘 끝내는 데 집착하지 말자

· · ·

다시 만나서 이야기를 나누고 싶은 사람은 헤어질 때 아름다운 잔상이나 잔향 같은 것을 남깁니다. 그런 사람이 건넨 말에는 따스함이 담겨 있죠.

저 역시 그런 사람이 되고 싶어서, 특히 라디오 프로그램 엔딩 멘트를 할 때는 좋은 잔상이 남게끔 노력합니다. 청취자들이 제 방송을 다시 듣고 싶도록 고심해서 마지막 말을 고르죠. 그리고 청취자뿐만 아니라 제 방송에 출연한 게스트도 '이 프로그램에 나오길 잘했네. 이 DJ하고 또 이야기 나누고 싶다!' 하고 느낄 수 있도록 마음을 다합니다.

일상에서도 마찬가지예요. 헤어질 때 '무슨 말을 할지'가 무척 중요합니다. 그런데 여기에 집착하면 '인상 깊은 말을 남겨야지!' 하고 신경 쓰다가 불필요한 이야기를 질질 끌기 쉽습니다. 저 역시 "슬슬 마무리하는 줄 알았더니 다시 원래 이야기로 돌아가서 김샜잖아요", "적당히 하고 대화를 끝내야 깔끔한 법이에요"라는 지적을 종종 받았습니다.

돌이켜 보니, 제가 신인 때 저지른 이러한 실수는 하나같이 스스로 일을 잘했다고 느끼기 위해 독선적으로 한 행동과 말이었습니다. 지금 생각해도 식은땀이 나네요….

어수룩해도 마음은 말투에 실린다

· · ·

그럼 헤어질 때 어디에 신경 써야 할까요? 그것은 바로

단정하게 때로는 다정하게

(역시나) '상대'입니다. 귀한 시간을 공유하며 이야기를 나눈 사람이니, 헤어질 때 역시 고마운 마음을 전하며 인사하는 습관을 길러 보세요.

예전에 제가 진행하던 방송에서 가마쿠라鎌倉에 있는 여러 사찰에 전화를 걸어 스님들을 인터뷰한 적이 있습니다. 통화를 마칠 때, 스님들께서 마음이 정화되는 말을 해 주시곤 했는데요. 특히 가마쿠라 니시미카도西御門에 있는 부주지였던 하야시 요젠林陽善 스님의 말씀이 아직도 기억납니다.

"코로나가 유행하는 지금, 만사가 뜻대로 흘러가지 않아 많은 분이 고생하고 계시리라 생각합니다. 저희 사찰에서도 많은 행사와 법사가 예정대로 열리지 못했습니다. … 짜증 나서 모두 포기하고 싶은 날도 있겠죠. 하지만 그럴 때일수록 '누구 때문에, 무엇 때문에'라고 탓하지 말고 '덕분에'라고 생각하면 마음이 좀 편안해지지 않을까요? '화안애어和顔愛語'라는 말처럼 따스한 표정으로 사랑이 깃든 말을 나에게도 타인에게도 건네려 노력해 보세요."

날마다 진심으로 화안애어를 실천하고 있는 사람만이 지
닌 온화한 말투가 느껴져 가슴이 뭉클해졌습니다. 말솜씨가
유려하지 않아도 화자의 진심이 전해지죠.

좀 어색해도 괜찮습니다. 상대방에게 내 마음을 전하는 게
목적이니까요. 유려한 말이 아니어도 감사와 경의는 반드시
말투에 실리는 법입니다.

단정하게 때로는 다정하게

헤어질 때 건네는 말은

상대에게 주는 선물입니다.

그 어떤 말보다 마음 깊이 가닿을 거예요.

오늘도 행복한
하루였기를

라디오 일을 시작한 지 25년째 되는데, 아직도 아차 싶을 때가 많습니다. 아무리 주의해도 자잘한 실수를 하게 되죠. 그 자리에선 태연한 척하지만 (다들 눈치챘을지도 모르지만요) 퇴근길 지하철 안에서 한숨을 절로 쉽니다. 프리랜서라 그런지 늘 신인 같고, 매회 방송이 오디션처럼 느껴집니다.

개편 시기가 올 때마다 조마조마해하면서도 "방송은… 유지됩니다!"라는 프로듀서의 말에 "질질 끌지 마. 숨넘어가는 줄 알았잖아!" 하며 가슴을 쓸어내리기를 반복하죠. 울고 웃고, 넘어졌다가 다시 일어서면서 제가 할 수 있는 일들을 해 왔습니다. 그 덕분에 누군가가 조금이라도 웃었다면, '오늘 하루도 나쁘지 않았어'라고 생각했다면 더 바랄 게 없습니다.

많은 분의 도움을 받으며, 사랑하는 이 일을 지금까지 할 수 있어서 진심으로 감사합니다.

항상 저를 응원해 주시는 청취자 여러분! '온에어'에 빨간 불이 들어오고 생방송이 시작되면, 신기하게도 저는 긴장감 과 함께 안도감이 듭니다. 아마도 '다른 곳에서 같은 시간을 보내는 내 편이 있다'라는 느낌을 주는 라디오의 특징 덕분 이겠죠. 제가 오늘도 마이크 앞에 앉아 있을 수 있는 건 여러 분 덕분입니다.

예나 지금이나 항상 도움을 주시는 방송국 관계자, 출연자 여러분. 전 여러분을 보며 늘 자극을 받습니다. 앞으로도 우 리 같이 평생 현역으로 살아요!

단정하게 때로는 다정하게

쭈뼛거리는 제 러브콜에 기꺼이 응해 준 일본판 북 디자이너 스즈키 지카코鈴木千佳子 씨. 도서 디자인을 보내 주셨을 때, 선물 상자를 여는 기분이었어요! 당신의 일솜씨와 재치, 정말 좋아합니다.

"히데시마 씨 책을 읽고 싶어 하는 독자가 많아요!"하며 열의를 가지고 함께 작업해 준 아사히신문출판 모리 스즈카森鈴香 씨. 모리 씨의 정확한 지적과 따뜻한 격려 덕분에 여기까지 왔습니다. 함께 도와주신 오가와 유키코小川由希子 씨에게도 감사의 마음을 전합니다.

데뷔 때부터 일을 도와주고 있는 소속사 FM BIRD의 나가쿠라 스태프 마키코長倉シュタッフ牧子 회장님, 일당백 매니저 쓰노다 유스케角田裕介 씨, 이마미치今道 씨, 신シン 씨, 단노團野 씨. 보이지 않는 곳에서 든든하게 저를 받쳐 준 여러분들 덕에 지금의 제가 있습니다. 앞으로도 잘 부탁드립니다.

항상 야단법석인 저를 받아 주고, 이해해 주고, 지탱해 주는 가족 모두 고마워요. 딸이자, 아내이자, 엄마여서 정말 행복합니다. 앞으로도 한 팀으로 함께 웃으며 인생이라는 여행을 즐겨 봐요.

그리고 끝까지 제 책을 읽어 주신 독자 여러분, 진심으로 고맙습니다.

이 책을 읽고 라디오에 조금이라도 흥미를 느끼셨다면 출퇴근할 때, 등하교할 때, 기분 전환할 때 아무 때나 좋으니 꼭 라디오를 들어 보세요. 요즘엔 스마트폰만 있으면 언제 어디서든 즐길 수 있잖아요. 여러분의 마음과 일상에 꼭 맞는 방송, 귀에 착 감기는 목소리는 반드시 있습니다.

살다 보면 좋은 일도 있고 나쁜 일도 있지만, 일상에 듣고 싶은 목소리가 늘 있다는 안도감은 큰 힘이 될 거예요. 라디오에서 문득 들려 온 무심한 한마디에 놀라울 정도로 마음이 가벼워지기도 하니까요.

저 역시 한 청취자로서 일본뿐 아니라 전 세계 여러 목소리에 자극을 받고, 위안과 힘을 얻습니다. 라디오를 처음 듣기 시작한 열두 살의 가을부터 지금까지 행복한 시간이 이어지고 있습니다.

오늘도 행복한 하루였길.
앞으로도 이 마음을 목소리에 담아 전할 수 있기를 기도합니다.

단정하게
때로는
다정하게

1판 1쇄 인쇄 2023년 3월 13일
1판 1쇄 발행 2023년 3월 28일

지은이 히데시마 후미카
옮긴이 오민혜

발행인 양원석 **편집장** 박나미 **책임편집** 김율리
디자인 강소정, 김미선 **영업마케팅** 윤우성, 박소정, 이현주, 정다은, 박윤하

펴낸 곳 ㈜알에이치코리아
주소 서울시 금천구 가산디지털2로 53, 20층 (가산동, 한라시그마밸리)
편집문의 02-6443-8826   **도서문의** 02-6443-8800
홈페이지 http://rhk.co.kr
등록 2004년 1월 15일 제2-3726호

ISBN 978-89-255-7680-0 (03320)